文庫ぎんが堂

星野仙一「闘い」の方程式

トップを目指し続けた男の「人生哲学」

永谷 脩

ースト・プレス

星野仙一「闘い」の方程式　目次

第1章 「巨大戦力」を叩きつぶせ！

——星野仙一の采配力の原点［誕生〜現役時代］

第2章 「田舎者根性」から脱却せよ！
――星野仙一の組織力［中日監督、解説者時代］

第3章 「弱」を「強」に変える方法！
——星野仙一の突破力［2002年・阪神監督就任］

第4章 「悪しき伝統」をぶち壊せ！
——星野仙一の改革力［2003年・阪神優勝］

第5章 星野ジャパン「北京五輪出場」への軌跡
――星野仙一の戦略力［2007年・北京五輪アジア予選］

第6章　星野ジャパン「世界一」への戦い
——星野仙一の人情力［2008年・北京五輪本戦］

第7章

「杜の都」を熱くせよ！

――星野仙一の復活力［2011年・楽天監督就任］

第1章

「巨大戦力」を叩きつぶせ!

――星野仙一の采配力の原点［誕生～現役時代］

完投勝利をおさめ、与那嶺要監督に握手で迎えられる星野投手
（1974年10月4日、中日球場）

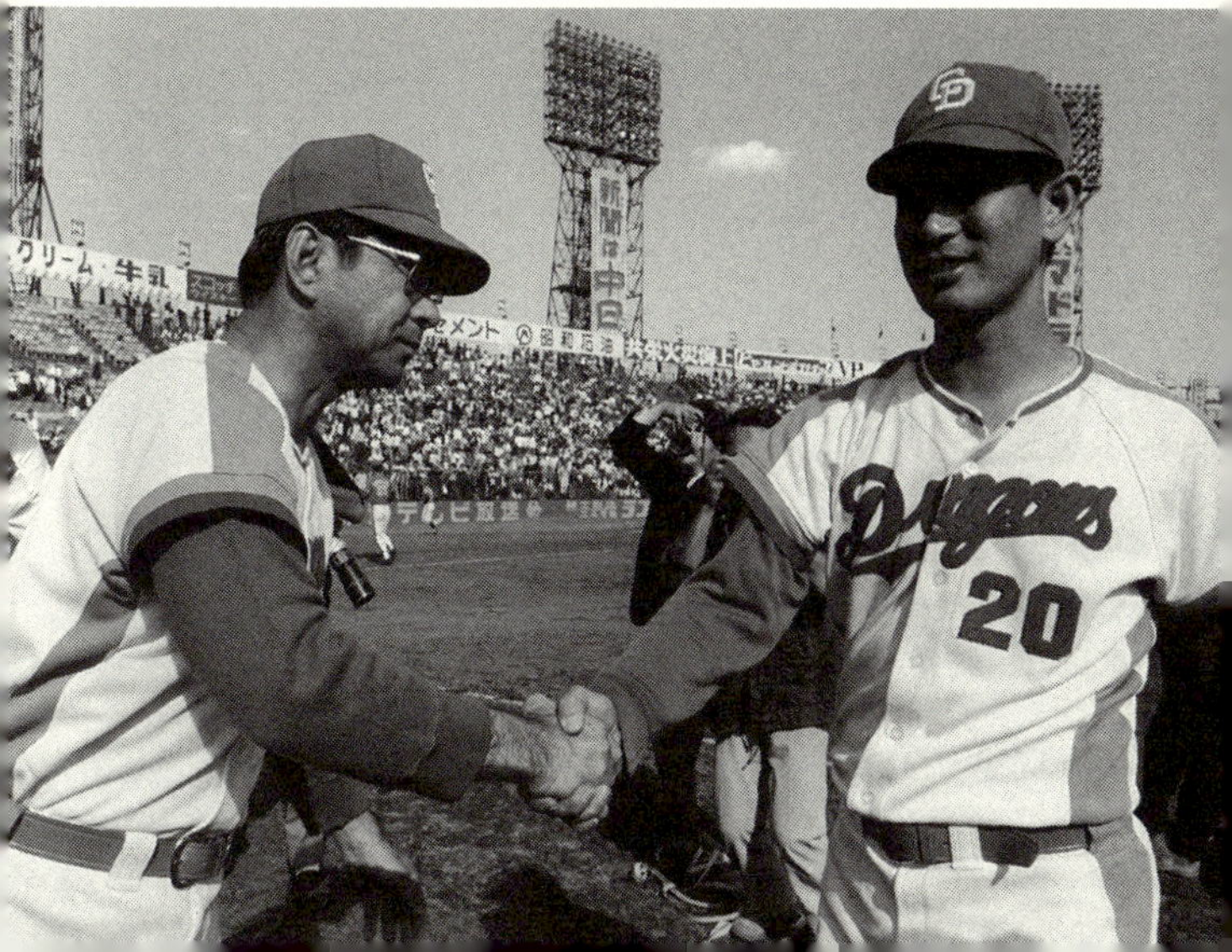

女が育て、女が磨いた星野の〝眼力〟と〝やさしさ〟

02年オフに星野仙一《ほしのせんいち》が中日《ちゅうにち》の監督を辞任したあと、阪神《はんしん》の監督を引き受ける時に相談したのは、2人のお嬢さんであった。

星野の周囲を見る時、つねに女系家族として生活していることに気がつく。ある女流作家は、星野を評して、「女が育て、女が磨いて、ここまで大きくなったのよ」と言っていたが、星野の生い立ちからして、まさに女性のおかげで今日があるといっていい。

プロ野球の世界には、母子家庭に育った選手は意外に多い。その家庭環境にもよるが、だいたいが負けず嫌いで闘争心が強い一方で、人の気持ちを見抜く眼力と本質的なやさしさを兼ね備えている。その代表が星野であった。

星野の父親は仙蔵《せんぞう》さんといい、仙一が生まれる3カ月前に急死している。母親の敏子《としこ》さんは、仙蔵さんが勤めていた三菱《みつびし》重工水島《みずしま》野球部の青葉寮《あおばりょう》の寮母をしながら、「父親がいる家の子どもに負けてほしくない」と、朝早くから夜遅くまで働きづめであった。いままでも星野は敏子さんの話になると涙腺がゆるんでくる。

「おふくろには、いろいろ苦労をかけたんだ」

父親がいないということで不自由をさせてはいけないという思いが、つねに伝わってきていた。それだけではない。星野の2人の姉も女子大に行かせているのだから、それは大変なことであったろう。

星野には4年間の学費も含めて、約400万円近く仕送りしていたといわれている。星野は当時送られてきた書留の封筒と手紙を持ち続けていたというが、もちろんプロに入った時に契約金から全額返済している。

そんな母親思いの星野を、長姉の美和子《みわこ》さんは、

「恵まれた家ではなかったが、仙一だけには、山芋をすって卵を落としたものを食べさせていた。父親を知らずに育っているので不憫《ふびん》に思ったらしく、それはかわいくてしかたがなかったようです」

と言っていたが、小学校のころからサインの練習をして、「オレは有名になるから買え」と言っては小遣いをせびっていたというのだ。

そんな2人の姉と母親のもとで育てられた星野であったが、この時に敏子さんが言い続けたのは、「お前は人のために考えて生きろ」ということであった。星野が「自分一人では何もできない。他人の力があってこそ」と言い続けていたのは、そんな幼児期の記憶からである。

野球を始めたのも、「何かスポーツをやらせたほうがいい」という敏子さんの気持ちからだった。敏子さんが03年に亡くなるまで絶対に頭が上がらなかったのは、そんな理由か

らだったのだ。

「エースで四番」で甲子園を目指した倉敷商時代

父親がいないという負い目だけは感じさせたくないという敏子さんの強い思いから、少年時代の星野は強い子として育てられていた。「外でケンカをして負けたら家には入れてもらえなかった」というほどであった。

星野は倉敷《くらしき》市立第四福田《ふくだ》小学校から水島中学校を経て、倉敷商業高校に入学する。少年時代は吉田義男《よしだよしお》（阪神）に憧れてショートを守っていた。その星野の負けん気の強さと闘志を見て倉敷商にスカウトしたのが、明治《めいじ》大学野球部出身で、倉敷商の野球部長をしていた角田有三である。星野は中学時代に、大学に行くなら法政《ほうせい》大学か早稲田《わせだ》大学、関西《かんさい》だったら憧れの村山実《むらやまみのる》（阪神）の母校・関西《かんさい》大学を考えていたというから、まさにこの出会いは星野の将来を予感させるものであった。

星野が入学した倉敷商は県下でも強豪校。しかし、甲子園《こうしえん》に行くためには、秋山登《あきやまのぼる》、土井淳《どいきよし》（ともに大洋《たいよう》＝現在のＤｅＮＡ）のバッテリーを擁して甲子園を制覇したことがある岡山東《ひがし》商に関西《かんぜい》、倉敷工ら強豪がひしめく中を勝ち抜き、さらに鳥取県代表を相手に東中国大会を勝ち抜かなければならないために、甲子園出場は至難の業であった。

星野が入学した1年目、岡山県大会の準決勝で関西に1対2で敗れて甲子園出場の道は断たれている。2年生になり、エースとして投げるようになった星野は、市立新見《にいみ》商を12対0、備前《びぜん》を9対0、西大寺《さいだいじ》を10対0と、3試合連続完封という圧倒的な強さで勝ち進みながら、準決勝で岡山東商の前に0対1の僅差で敗れてしまう。

この年の甲子園は第45回の記念大会で、各県1校ずつが出場できただけに、星野の悔しさは人一倍。応援に駆けつけた敏子さんがグラウンドの陰で涙を見せるのを見て号泣したという。

2年生ながら自責点1で投げ切った星野の評価は県下ナンバーワンといわれるようになっていて、〝翌年は間違いなく倉商の天下〟といわれていた。第1シードの倉敷商は2回戦から出場し、笠岡《かさおか》商を2対0、準々決勝の吉備《きび》を5対1で破り、前年に敗れている岡山東商に準決勝で11対2と快勝して雪辱を果たし、東中国大会に駒を進めている。

「県下で負ける気はしなかったし、人から借りをつくるのは昔からイヤだから、絶対に勝とうと、みんなで話し合っていた」

当時の倉敷商は星野のワンマンチーム。エースで四番を任されていた。1年後輩には、プロで星野より多く勝ち星をあげた松岡弘《まつおかひろむ》（ヤクルト）がいたが、まったく出る機会がなかったというほどであった。

東中国大会の初戦、米子東《よなごひがし》に1対0で勝ち進んだ倉敷商は、あと一歩のところまできていた。決勝の相手は関西を破ってはい上がってきた米子南だった。

ゲームは1点をリードした倉敷商が、四回にエラー絡みの3失点で逆転されてしまう。八回に1点差まで追い上げるが、あと一歩及ばず、またしても甲子園の夢は破れた。

この試合で、星野は被安打10、4奪三振、2四球のピッチング内容で、四回に乱れた以外は完璧なピッチング内容だった。

「あの時の悔しさは、いまもって生きている。押し入れに入って泣き明かした」

星野は高校時代、ついに甲子園出場の夢を果たせないまま卒業したのだった。

北京五輪にも大きく貢献した〝岡山人脈〟の結束力

岡山県のレベルは高い。そこのナンバーワン投手にプロからの誘いもあったが、敏子さんはガンとして首を縦に振らなかった。

東は兵庫、西は広島、南は四国4県が高校野球の強豪県といわれる中で、岡山だけは野球後進国といわれた時代があった。しかし、戦後、秋山—土井のバッテリーが甲子園で活躍して注目されるようになった。星野が卒業した翌年、星野がいた時代はショートを守っていた松岡が倉敷商のエースになり、岡山東商には、のちにカミソリシュートで名球会入りを果たす平松政次《ひらまつまさじ》（大洋）、倉敷工には片岡新之介《かたおかしんのすけ》（西鉄《にしてつ》＝現在の西武《せいぶ》）、関西では森安《もりやす》敏明《としあき》（東映《とうえい》＝現在の日本《にっぽん》ハム）というプロで活躍する投手を輩出するが、星野の時には不思議と騒がれなかった。そんな悔しさもあってか、星野は岡山県人たちを大切にする。

明大の後輩である加藤安雄《かとうやすお》（阪急《はんきゅう》＝現在のオリックス）はもちろんのこと、先輩である岡田悦哉《おかだえつや》（丸善《まるぜん》石油＝現在のコスモ石油）には、中日では二軍監督、編成部長、スカウト部長を、阪神ではアマチュア関係のアドバイザーとしてスカウティングの仕事を頼んだりした。中日の編成本部顧問として星野を支えた三宅宅三《みやけたくぞう》（毎日《まいにち》＝現在のロッテ）や、北《ぺ》京《キン》五輪アジア予選出場の際にスコアラーとして熱心にデータを集めた三宅博《みやけひろし》（阪神）も、やはり岡山県出身であった。

高校時代に一緒に悔しさを味わった連中の結束力は強い。故郷に戻る時には集まってきたという。そんな星野には、倉敷名誉市民の称号が与えられている。

高校時代に甲子園に行けなかった悔しさが、星野の野球人生を大きく左右している。頼まれた色紙に書く言葉は〝夢〟。それは甲子園への夢、東京六大学ではリーグ制覇の夢、プロに入ってからは日本一への夢があった。

星野野球の原点となった明大監督の〝人間教育〟

星野野球の原点を探る時に行き着くところは、母校・明大の野球になってくる。上下関係の厳しさは天下一品。〝御大《おんたい》〟といわれた島岡吉郎《しまおかきちろう》監督のもとで〝人間力〟を学んだのが星野仙一であった。

大学時代には田淵幸一《たぶちこういち》（阪神）、山本浩司《やまもとこうじ》（広島《ひろしま》、のちに浩二に改名）、富田勝《とみたまさる》（南海《なんかい》＝現在のソフトバンク）の三羽烏《さんばがらす》がいる法大や、1学年下に谷沢健一《やざわけんいち》（中日）、荒川尭《あらかわたかし》（大洋を経てヤクルト）、小坂敏彦《こさかとしひこ》、阿野鉱二《あのこうじ》（ともに巨人《きょじん》）を擁した早大《そうだい》という強豪を相手に戦っていた。

島岡御大が言うことは絶対で、たとえ黒いものでも島岡御大が白と言えばすべて白になるというのが明大の野球であった。

明大の人間教育の特徴は、4年生の便所掃除当番であろう。卒業後に社会人になった時に一番大切なこととして、いかに人に好かれるかということをもう一度自覚させるための、合宿所の便所掃除である。

大学の体育会は、1年奴隷、2年平民、3年大名、4年天皇といわれ、上級生の命令には絶対服従になっている。ところが、社会に行けばそんな感覚は通用しない。だから、もう一度原点に戻って、一般人として教育しようというものだった。

島岡野球の厳しさと激しさの裏側にあるのは、人へのやさしさである。島岡御大は必ずといっていいほど、補欠やマネージャーなど裏方から先に就職を世話していった。「スター選手やレギュラーは、どこからでも声がかかる。そんな連中は、ほっぽっておいてもいい。学校のために陰で努力をして支えている連中のほうに目を向けるのは当然」

若き日の島岡御大は、みずから出向いて企業に挨拶回りを続けて、一人ひとりの就職を世話したものであった。最初は島岡御大のお出ましなんてもったいないと言っていた企業の人たちも、年に一度訪れる島岡御大を待ち望み、世間話に花を咲かせることで、さらに人脈が広まっていったのだった。

そんなゆったりした流れの中で、明大野球部の人脈はできあがっていった。

星野仙一が有名無名の多くの選手の中で、島岡御大に人一倍かわいがられたのは、そういう島岡御大の姿に素直に反応し、とことん学ぼうという姿勢があったからだろう。

明大野球部で学んだ「叱る」ルール

星野は中日監督時代から裏方のスタッフに慕われていた。阪神監督になってからも、安《あ》芸《き》キャンプの星野の部屋に中日のスタッフから何度も電話が入ったといわれているが、そういう慕われ方の根底に、裏で支えてくれる周囲の人間を大事にしなければいけないという明大時代の島岡御大の教えが生きている。

野村克也《のむらかつや》（楽天監督《らくてん》）がいみじくも言っていた。

「青年時代の多感な時代に教えられた野球というのは、いくつになっても引きずっていくものだからな。ワシは、なんだかんだ言っても、鶴岡《つるおか》（一人《かずと》、南海監督）さんの〝グラウンドには銭《ぜに》が埋まっている〟という野球が原点だからな」

その伝でいけば、野村監督の野球が鶴岡南海野球であるように、長嶋茂雄《ながしましげお》（巨人終身名誉監督）の野球は千本ノックによって鍛える砂押邦信《すなおしくにのぶ》（のちに国鉄《こくてつ》＝現在のヤクルト監督）・立大《りつだい》野球であり、森祇晶《もりまさあき》（元西武、横浜《よこはま》＝現在のＤｅＮＡ監督）は着実にデータを積み上げる川上哲治《かわかみてつはる》・巨人Ｖ９（９年連続日本一）野球であった。

星野の野球は当然、島岡明大野球に行き着く。

島岡野球を語る時の星野の目はやさしい。「よく叱《しか》られたよな」とは言うものの、それを語る姿にうれしさがにじみ出ている。

だから、どんなに叱られても、決して憎悪は残っていない。それだけに、星野が言う鉄拳の定義は、「愛情を込めて殴るのならば、本気で殴ってもいい」である。

部下を叱れる上司がいなくなったといわれている。叱る勇気と自信を持つ上司がいなくなった。

こんな無責任時代にあって、「愛情を込めて殴るのならば、本気で殴ってもいい」と堂々とテレビでも言えたのは、日本中を探しても星野ぐらいではないだろうか。

「島岡さんがな、背が低いだろ。踏み台に乗って殴ってくるんだ。いま殴らなければ、コイツにとってあとあとのためにならないと思って、全身全霊を込めてパンチを食らわしてくるんだ。顔を真っ赤にして、目にはいっぱい涙をためて殴る。あれほど愛情のあるパンチは初めてだった。受けていて〝すみません〟と本気で思ったね。殴られながら、ありがとうございましたと、本気で思ったよ」

その言葉を口にする星野自身も目を熱くしていた。

のちに球界名物になった星野の鉄拳野球の原点は、このあたりにあるようだ。

最初の中日監督時代には、彦野利勝《ひこのとしかつ》、仁村徹《にむらとおる》、岩本好広《いわもとよしひろ》、豊田誠佑《とよたせいすけ》という生きのいい若手がそろっていた。岩本などは星野に殴られるたびに、「これで使ってもらえる」と念じていたという。

また、星野は「殴ったら必ず次にチャンスを与えろ。叱るなら愛情を持って行え」と同時に、「叱るなら、人が見ている前で、はっきり理由を言って、その場で叱れ」とも考えていた。人前で辱めにあえば、その者は二度と同じことをしないだろう。そして、一人が叱られることで、全体におよぼす緊張感が、チームの活気にもつながっていくからである。

それに、その場でガンと叱ってしまえばあとに残らないし、反省の度合いも強くなる。だから、優勝に向かって、先頭に立ってベンチで怒鳴り散らしていた星野だったが、意外とあとを引かずに連敗が少なかったのには、そんな理由もあったのである。

東京六大学〝黄金時代〟をつくった田淵、山本との出会い

星野が明大を選んだのは、倉敷商の監督だった矢吹恬一《やぶきしずいち》の決断によるところが大きかった。母系家族で育てられた星野にとって一番必要なのは父親的存在であることを、高校当時の監督は知っていた。だから、母親から大学進学の相談を受けた時、自分の母校である明大への進学をすすめた。

母親にすれば、「野球はいつまでもやれるわけではない、学歴社会にあって、大学出の肩書は必要」ということで大学進学を希望した。姉2人の末っ子で生まれただけに、母子家庭で育ったという肩身の狭い思いをさせたくない、という親心だったのかもしれないが、阪急、広島などのプロの誘いを断っての入学だった。

矢吹が明大進学をすすめたのは、自分が明大出身であるというだけの理由ではなかった。明大には頑固親父《がんこおやじ》として有名な島岡監督がいることもあってすすめたのだ。

「ふつうの親父よりも数倍厳しい島岡さんのもとで鍛えられたことで、すべてが変わっ

た」

と矢吹が言うように、運命が変わっていったというのだ。当時の東京六大学は、早大、慶大が主流。明大には島岡、法大には松永怜一《まつながれいいち》（のちのロサンゼルス五輪日本代表監督）という実力者を持ちながら、いつも決めごとは早慶が中心となって決められていく。「勝って、言いたいことを言いたい」という持ち前の反骨心を抱きながら、なかなか勝てなかったのは、当時の法大の強さからだった。

当時の法大は、東京六大学史上2度目となる4連覇を達成している。長い東京六大学の歴史の中でも、4連覇となると5度しかない。1932年春から杉浦忠《すぎうらただし》（南海）、長嶋を擁した立大、その次が山中正竹《やまなかまさたけ》（住友《すみとも》金属工業）、江本孟紀《えもとたけのり》（東映）らの投手陣に、田淵、山本、富田の法大三羽烏を擁したチームであった。そこに立ち向かっていくのだから並大抵ではない。法大三羽烏からドラフト1位で田淵が阪神、山本が広島、富田が南海へと、それぞれ入団していくのを見ても、その実力のほどはわかろうというものだ。

星野の1年先輩に高田繁《たかだしげる》（巨人、現ＤｅＮＡ・ＧＭ）がいたが、当時の法大に立ち向かうのは至難の業であった。法大だけではない、早大も、野手では、谷沢のほかに千藤《せんどう》三《み》樹《き》夫《お》（東映）、小田義人《おだよしと》（ヤクルト）、阿野らに、投手では小坂、安田猛《やすだたけし》（ヤクルト）などのメンバーがそろっていた、東京六大学の黄金期であった。

甲子園には出場していない無名の投手だった星野は、入学した年の春のリーグ戦に1年生ながら出場。1試合に登板し、1安打を打たれて降板している。

その星野が本格的に神宮のマウンドに立ったのは65年秋のリーグ戦、7試合に登板して完投し、3勝の記録を残している。2年の春からエースとしてマウンドに立つが、秋には立大戦で史上14人目のノーヒットノーランをやってのけて注目を浴びた。当時の立大には、秋山重雄《あきやましげお》、小川亨《おがわとおる》（ともに近鉄《きんてつ》＝現在のオリックス）、溜池敏隆《ためいけとしたか》（ヤクルト）、谷木《たにき》恭平《きょうへい》（中日）などプロで活躍した好打者がそろっている中で、四死球3、味方エラー1、114球での5対0の勝利だった。

星野は2年からエースとして君臨。明治維新百年記念明治神宮野球大会が開かれ、東京六大学選抜軍に選ばれたりしていることから、法大から選ばれた山本、田淵らと一緒に食事をしたりすることが多くなっていた。とくに姉2人の末っ子で育った田淵とは育ち方が似ていることもあって、打ち解けやすかったのだった。

田淵、山本に1本の本塁打も許さなかった〝気迫〟

4年生になった星野は、高田のあとを継いで主将になってチームのまとめ役を買って出るが、打てない打線にもじっと我慢を続けて通算で23勝をあげ、一人気を吐いていた。

田淵は当時、六大学のスターとして君臨。六大学の本塁打新記録の22本を達成している。先述のように、星野は六大学の集まりや選抜軍で一緒に顔を合わせる田淵、山本らとしだいに打ち解けていく。

田淵は入学の時から注目されていて、1年生の時から合宿所に入っていた。だが、山本は下宿組で、頭角を現したのは上級生になってから。そんな苦労人だったこともあり、相通じるものもあったのだ。

加えて、山本と星野は、夫人とはお互い六大学時代からのつきあい。そんな旧知の仲がそのまま結婚したこともあって、家族同士のつきあいにつながっていった。オフなどに家族旅行を一緒にしたりするなど、そのつきあいの深さは田淵以上であった。

甲子園に行けなかったことが大学時代のバネになっている星野だが、大学4年間で、ついに一度も優勝を味わうことがなかった。それは、1年先輩の高田も同じで、「オヤジ(島岡監督)に、それだけは申し訳なかった」と語っていたほどだ。

だが、星野の持って生まれた悔しがりぶりは、プロ入りして巨人に立ち向かった時と同様に、本塁打記録をほしいままにした田淵に対しても見られる。「アイツにだけは絶対に打たれたくない」と公言した通り、1本も本塁打を打たれていない。

「アイツは、法大とやる時の目の色が違っていた。昔から、強い相手に対して牙をむく姿は、いまもまったく変わっていない。優勝はこっちのほうが数多くしているが、打っていないことを考えれば、頭が上がらない」

田淵は星野に対して完全にシャッポを脱いでいる。ちなみに、田淵に対しては32打数5安打、1割5分6厘、山本に対しては28打数5安打、1割7分8厘。田淵に対してと同様に1本の本塁打も打たれていないというのが星野の自慢だ。

「カネもなかったし、遊ぶ時間もなかったが、真剣につきあっていたから、いまでもなんでも話せる。学生時代の仲間はいいよね」

大学は違っても、神宮という共通の場で若い血を沸き返らせていたからこそ、困った時に「頼む」と言える間柄だったのである。

星野が日本代表監督になった時、「一緒にやってくれるな」と、まったく承諾を待たずにコーチ人事を進めたのも、長いつきあいだからこそできたのだ。

〝燃える男〟誕生の瞬間

星野は東京六大学の明大から69年に中日にドラフト1位で入団している。

その年はプロ野球界のその後を支える黄金メンバーがずらりとそろっていた。中日が星野を指名し、同じ東京六大学の同期である法大三羽烏は先述のとおり。そのほかにも、山《やま》田《だ》久志《ひさし》（阪急）、藤原真《ふじわらまこと》（サンケイ＝現在のヤクルト）、大橋穣《おおはしゆたか》（東映）、有藤通世《ありとうみちよ》（現道《みち》世《よ》、ロッテ）、水谷宏《みずたにひろし》（近鉄《きんてつ》）、東尾修《ひがしおおさむ》（西鉄）、野村収《のむらおさむ》（大洋）が指名された。花の昭和43年組といわれ、のちの球界の発展に寄与した名選手を輩出している。

東京六大学の同期として仲がよかった星野は、田淵に対して、「俺もお前も巨人が大好き。どっちかが指名されれば素直にお祝いをしよう」と言っていた。

1番クジを引き当てた東映は大橋穣をイの一番に指名。2番クジの広島は地元出身の山本をすんなり指名すると、3番クジの阪神は田淵を指名した。東京六大学が生んだスーパースラッガーの指名であった。

その中で、8番目の巨人が指名したのが島野修《しまのおさむ》。武相《ぶそう》高校（横浜市港北《こうほく》区）の投手であった。それを明大の合宿所で聞いていた星野は、「星と島の間違いじゃないか」と叫んだという。

結局、星野は10番クジの中日が引き当てている。この時の悔しさが、その後の野球人生を大きく変えた。入団した時の監督が、巨人を追われ、東映を経て中日にやってきた水原《みずはら》茂《しげる》であったこともあり、〝打倒巨人〟の魂はこの時に植えつけられた。そのスマートさと、ドジャース戦法などのメジャー流を取り入れるなど幅広い視野を持った水原野球に感化され、それからの星野の人生は〝打倒巨人〟が目標となっている。そして、歴代5位になる巨人戦35勝をあげたのも、入団の時の恨みとリベンジの執念があったからにほかならない。

星野にとっての初優勝は、巨人黄金時代のＶ９が終焉《しゅうえん》を迎えた74年のことであった。この年にエースとして15勝を挙げた星野は、時代を変える思いで立ち向かっている。入団した当時には、すでに長嶋茂雄、王貞治《おうさだはる》（現ソフトバンク会長兼ＧＭ）のＯＮ全盛の中、最強の巨人に立ち向かう〝炎の男〟をみずから演じていた部分があった。しかし、再び巨人を破ってのリーグ制覇は、82年に星野が現役を引退するまでめぐってくることはなかった。

人生観を決定づけた「最初の上司」

星野が現役を引退したのは82年、現役生活2度目の優勝を果たした時だった。

初めて優勝を経験したのが74年、プロ入り6年目のことであった。この時のメンバーは、監督が与那嶺要《よなみねかなめ》、投手コーチは近藤貞雄《こんどうさだお》で、一番・高木守道《たかぎもりみち》、二番・島谷金二《しまたにきんじ》、三番・井上弘昭《いのうえひろあき》、四番ジーン・マーチン、五番・谷沢健一、六番・大島康徳《おおしまやすのり》、七番・木俣達彦《きまたたつひこ》、八番・広瀬宰《ひろせおさむ》。投手は早投げで有名な松本幸行《まつもとゆきつら》が20勝をあげ、アンダースローの三沢淳《みさわじゅん》が11勝、その中で星野は49試合に登板して15勝をあげている。

先述のように、野村克也は「監督の資質というものは育ててくれた監督の野球に追従するもの」と言っていた。野村野球はどんなに形を変えても、南海時代の「グラウンドに銭が埋まっている」で知られる鶴岡野球がついて回っていた。

長嶋野球の原点は千本ノックで鍛え上げられた立大の砂押邦信の若手を熱い情熱で鍛え上げる野球であった。仰木彬《おおぎあきら》（元近鉄、オリックス監督）の野球は西鉄黄金期に変幻自在の采配を見せた三原脩《みはらおさむ》の野球からスタートしている。

それを考えると、巨人の王貞治の野球は巨人Ｖ９の時の川上哲治の影響を受けていることが多かった。この王の最初の監督はスマートで鳴る水原。王を投手から転向させ、一本足打法への変更を指示してくれた人であった。王と星野が不思議な糸で結ばれていると思うのは、そんな時である。

星野が中日に入団した時の監督は水原。水原一家なるものをつくっていて、どこに行くにも自分の子飼いのコーチを連れていくタイプであった。そういう〝一家〟に支えられた水原野球の中で、入団１年目の星野は８勝をあげている。

星野の２年目に〝黒い霧〟の八百長《やおちょう》事件が球界を襲い、エースだった小川健太郎《おがわけんたろう》がオートレースの八百長に絡んで永久追放処分を受けるという事件が起きていた。この時の小川は巨人に対して強かったことから「読売《よみうり》新聞の陰謀」ともいわれていた。若き星野の胸には、入団時の怨念以上の深い闘志が湧き上がってきたのも事実である。

東京六大学の匂いがする水原が辞めたのは星野の入団３年目であった。そのあとの中日を引き受けたのが、ハワイ出身で、巨人では戦後最初の外国人選手の与那嶺である。星野は日本球界では数少ない大リーグに精通している野球人であるが、この時の与那嶺の影響を受けている部分もある。

星野は気迫を前面に出して投げるピッチングから、向かっていきながらもかわすピッチングに変化した73年に初めて二桁勝利をあげている。松本と2人で左右のエースとして活躍したことが翌年の優勝につながっている。投手づくりの原点に「左右のエースの存在なくして優勝はない」と信じていたのは、自分の現役時代の経験からではなかったか。

「非情にならなければ強くなれない」

若かりし日の星野を知る近藤貞雄は、「えらく元気のいい若いのがいるな」という印象を受けていたらしいが、近藤がのちに中日監督を引き受けたのは星野の13年目、35歳の時のことであった。ヒジ痛に悩まされていた星野は、チーム内で人望があったベテランだけに、監督としては一歩間違えれば扱いにくい存在であった。

当時の近藤は、「投手の肩は消耗品」ということで、投手コーチの権藤博《ごんどうひろし》とともに投げ込み禁止を徹底した合理野球を行っていたため、気持ちで投げる星野とは意見が対立することが多かった。

星野にとって現役時代2度目の優勝となった82年は、一番・田尾安志《たおやすし》、二番・平野謙《ひらのけん》、三番ケン・モッカ、四番・谷沢健一、五番・大島康徳、六番・宇野勝《うのまさる》、七番・中尾孝義《なかおたかよし》、八番・上川誠二《かみかわせいじ》で、都裕次郎《みやこゆうじろう》がエースで16勝をあげ、郭源治《かくげんじ》、鈴木孝政《すずきたかまさ》、三沢淳が支えて、抑えに牛島和彦《うしじまかずひこ》がいた。

この時の星野は18試合を投げて3勝5敗と出番は少なかった。

ベンチでは若い投手に「優勝はやれる時にやっておかないとできないぞ」と励まし続けていたのだが、優勝争いが最後までもたついたこともあって最後の出番はなく、心から喜べるはずの優勝にも一抹の悔しい思いしかなかったのかもしれない。

星野が監督に就任してから生え抜きのベテランを早め早めに切り捨てたのは、自分と同じ思いをさせたくなかったのと同時に、自分がそうだったように、不満分子である可能性を感じたのかもしれない。

闘志で投げるタイプの星野は、ONと対決する時には人一倍燃えた。長嶋が引退した時には「ONのいない巨人なんて、クリープの入らないコーヒーみたいなもの」と言って寂しさを表現していたが、そんな星野の闘志を軽く受け流してしまう長嶋とは違って、がっちり受け止めてぶつかる王との間には闘志が燃え上がった。星野が人一倍、王に思い入れがあるのは、どこかで「与那嶺さんを追い出した天敵」という思いがあったからかもしれない。

与那嶺は川上が巨人監督になると同時に中日に出されている。川上とは現役時代から首位打者のタイトル争いをめぐって激しい争いがあったといわれるが、トレードの理由は「王が育ってきたからいらない」というものであった。与那嶺は同じ土俵の上に立たないのに負けたと言われるほど悔しいものはないと愚痴っている。

星野はそんな与那嶺の愚痴を何度も聞いている。それだけに、「選手を競争させて使わなければいけない」という気持ちが、このあたりでできあがっていったのではなかったか。

入団時の監督だった水原は別として、全盛期を過ごした与那嶺、中利夫《なかとしお》、晩年の近藤と、4代の監督のもとで優勝を経験した星野は、川上にその座を譲ったあと、巨人では決して重用されずにいたたまれなくなって東映に移った水原から、そして、みずからの立場を守るべく自分を追いやった川上の冷徹さを与那嶺から聞くにつれ、知らず知らずのうちに川上の存在に引かれていった。そして、非情にならなければ強くなれないと実感していったのだ。

星野采配が〝奇策〟を好まない理由

近藤の采配は、ある時は「野武士《のぶし》野球」といわれ、ある時は「アイデア監督」ともいわれた。日本で初めて投手の投げ込み禁止や分業制を敷いた監督であったが、アメリカナイズされた野球観には星野自身も引かれるものがあった。だが、人情や仁義よりも合理主義を前面に出すやり方は相容《あいい》れないものであった。

巨人のV10を阻止した当時ヘッド兼投手コーチだった近藤は、野武士野球が成功した理由について、「名古屋《なごや》という土地柄」をあげていた。

つねに東と西からの脅威にさらされる土地である名古屋は、野武士の存在がその土地の防波堤になり、その基盤で成り立つ文化であったという。アジアとヨーロッパ、アメリカの脅威にさらされた中東にゲリラが育つ素地があったのと同じように、つねに野武士が育つ余地があったことを見抜いていた。

近藤はつねにその土地に合った野球をすることで初めてファンに認められるという考えの持ち主だった。中日監督を辞めたのち、大洋監督に就任した時、それまでの野球をガラリと変えてスーパーカートリオなるものを形成、足でかき回すスマートな野球を前面に出していた。その理由について、「横浜の持つスマートなイメージに合った野球」をするためだったと言っていたことからもわかる。

近藤の野武士野球はゲリラ戦術が得意だったし、アメリカンフットボール並みのオフェンスとディフェンスでガラリと選手を交代させる戦術を用いたのである。

だが、星野が考える投手を中心にしたディフェンス野球とは少々の異なりがあった。とくに最後の1年で重用されなかったこともあり、近藤のことを決して王道を歩む上司とは思ってはいなかった。

「戦いは正面から正々堂々と戦うべきものであって、蹴《け》たぐりばかりの野球は弱い者がするもの」

と星野が堂々と口にしたのは、そのためであった。

なぜ、ひじを痛めていた星野が巨人戦に強かったのか?

明大の島岡監督は星野について、「力量以前に、性格や気骨はプロ向き。立派に成功するだろう」と言って中日に送り出している。中日は明大と深い縁ということもあり、大先輩である杉下茂《すぎしたしげる》からもかわいがられている。その杉下の背番号20を譲り受けたのが権藤博であり、2年間だけ背負った渡部司《わたべつかさ》を経て、そのあとが星野ということになる。

中日のエースナンバーを背負っての現役生活だったが、前の2人のスーパースターとは違って素質の面で劣っていることの実感は、1年目のキャンプの時から感じていた。当時のエースの小川健太郎、小野正一《おのしょういち》は晩年近くなっていたが、ボールのキレや速さは、「これがプロか」とあの星野でも思うほどであった。

「力でいってもダメだったら、気持ちだけは誰にも負けないような戦いをする」

星野は、超一流投手は黙っていても２００勝以上する投手、二流は１００勝前後しかできない投手と話しているが、星野は14年間で１４６勝１２１敗の成績を残している。江川《えがわ》卓《すぐる》があれだけ騒がれながら、実働９年で１３５勝72敗だったことを考えた時、素質を持ちながら、それを生かせず、素材のまま現役を終えた男と、素質がなくても、気持ちでカバーして14年間生き延びた男との違いの大きさが出ている。巨人への入団を求めた点も同じだが、何をしてもと姑息《こそく》な手段で巨人に入った江川と、入れなかったことをバネとして戦った星野との違いにもなってきている。

親友の山本は、「お前が巨人戦で投げる気合いをほかの球団の時にもぶつけていれば、もっと勝ち星が増えた」と言っていたが、星野は技術よりも気合いで投げ続けた。

「先輩であろうが平気でインコースをついてくる。それも１球だけでなく、２球、３球と続けるからやっかいなんだ」と言ったのは王である。王には３割１分８厘、本塁打24本を打たれているが、王自身は打った記憶よりも抑えられた記憶のほうを多く持っていた。

星野の投球のしたたかさを見るのにいい材料がある。星野の奪三振は王に対してたったの11個であるのに対し、四球は47個、そのうち12個が敬遠の四球であるということを考えた時、状況によって、あえて力勝負をするよりも、避ける時は避け、攻める時は攻めるピッチングに終始したのではないだろうか。

その一方で、長嶋に対しては、引退までの6年間で2割3分4厘、本塁打7本と抑え込んでいた。力勝負ではかなわないと思った星野は、あえて東京六大学の先輩である長嶋に挑んだ。本能的に球種を読む男に対しては本能で勝負していたため、長嶋の〝カンピュータ〟が作動できなかったのかもしれない。一見、心意気ばかりでやっているようだが、状況把握ができていた。

それとも、ONの両方に全力でぶつかるよりも、どちらかと勝負して分断を図ったほうがいいと決めていたのかもしれない。それには紙面の扱いが大きくなる長嶋をターゲットにしたほうが得策と本能的に思ったのかもしれない。そのへんの計算は上手《じょうず》だ。

東京六大学時代からの投げすぎで、星野は入団当時から右ひじを痛めていた。入団当初はストレートとカーブだけで押していた投手が、フォークを身につけ、スライダーを覚え、シュートを上手に使うようになった。力勝負をするよりも、コントロールと配球でかわすピッチングを余儀なくされたのだ。だから、ふだんから向こうっ気が強いポーズを取り、ケンカ投法のイメージをつくる必要があった。攻めるという印象を与えて、サッとかわす変幻自在の投法で、巨人から35勝31敗の成績を残している。これは、国鉄時代の金田正一《かねだまさいち》の65勝72敗を最高に、平松政次（大洋）の51勝47敗、村山実（阪神）の39勝55敗、杉下の

38勝43敗に次ぐ5番目に位置している。彼ら全員が200勝以上をあげていることを考えれば、いかに気持ちで向かっていたかがわかるし、勝ち越しているのが平松と星野の2人だけというのは、じつに立派なものである。

ドラフトの時に指名されなかった怨念が〝負けじ魂〟に火をつけているという話にはなっているが、巨人を破ることでのチームへの波及効果を考えたうえで闘志をかきたてていたのではなかったか。

巨人のV10阻止で再燃した「星野vs.田淵」の因縁

大学時代の星野の成績は23勝24敗、防御率1・92。大学2年の時には秋季リーグの立大戦でノーヒットノーランを記録した。

その2人がともにプロに入った。広島に入団した山本を加えて3人がいつも語っていたのは優勝の味についてであった。巨人の全盛期だったために3人とも優勝経験がなかった。一番早くチャンスが回ってきたのは、田淵がいた阪神であった。73年のことである。あと一つ勝てば優勝という時に阪神は中日と対戦した。田淵は真顔で「優勝したらどんな顔をすればいいのかな」と星野に聞いている。その時の星野の答えは、「アホか、オレだって優勝経験がないんや」だった。

「巨人に優勝させるくらいなら阪神に勝ってもらったほうがうれしいという気持ちで投げた」

当時、星野はそんなことを語っていた。中日球場（現ナゴヤ球場）で行われた中日―阪神戦の先発は、中日は星野、阪神は江夏豊《えなつゆたか》だった。

この時、江夏は球団役員に呼ばれて、「明日は勝たんでもいい」と告げられていた。これはのちに江夏自身の口から明かされているが、球団とすれば、年俸アップやV旅行などの経費がかかるよりも、負けて2位に終われば満員の観客が最終戦まで来てくれて、しかも契約更改がご祝儀相場にならないほうがいいとソロバン勘定をしている。選手に対してもそんな言い方をする体質があったのだ。

03年に星野率いる阪神が快進撃を続けた時も、球団のフロントの一人が「勝ってもらっても、そんなに儲《もう》かっていない」と堂々と口にしていた。士気が低下すると激怒した星野は、返す刀でコーチ陣へのご祝儀を要求している。弱みをつかまれているだけに、球団は「ノー」とは言えなかった。星野の交渉術の妙にフロントはまんまとはまってしまった。監督を引き受けるかもしれない時から阪神の体質を知っていただけに、つねにフロントを牽制《けんせい》することを忘れなかったのだ。

それはさておき、江夏と球団の話し合いが行われたことなど露知らないナインは、優勝に向けて頑張っていたが、優勝経験者がいないため、プレッシャーで固まってしまった。星野は「打ってくれ」とばかりにど真ん中に投げたが、力み切った田淵らは凡打を繰り返すばかり。試合は結局、江夏が打たれて敗れている。

この時、翌日の甲子園で阪神戦を戦う巨人ナインを乗せた新幹線が、試合中の中日球場の脇を走り去っていったという話がいまでも語り継がれているが、翌日は上田二朗《うえだじろう》（のちに次郎）が早々と打たれて、巨人のV9が達成されてしまう。

翌年、巨人のV10を阻止したのは、星野が先頭に立って投げた中日であった。あれほど学生時代から仲のいい2人だが、つねに田淵を踏み台にして星野は大きくなっているような気がしてならない。

日本一から遠ざけられた「2度の優勝」の苦い経験

その星野が一番燃えたのは、入団6年目、巨人との優勝争いを制し、V10を阻止して優勝を果たした年であった。49試合に登板、32試合にリリーフ、15勝9敗6セーブ、防御率2・87で沢村賞《さわむらしょう》を獲得し、最優秀救援投手になった年である。〝チームの優勝にまさるタイトルなし〟と巨人のV10阻止に立ち向かった男は、そのイメージで巨人を圧倒し、ついに高校でも大学でもできなかった優勝を果たしたのだ。74年のことだった。

だが、その代償で星野の右ひじはボロボロ。ロッテとの日本シリーズでは2勝4敗で敗れ去るのだが、4敗のうち3敗にかかわっていた。当時の与那嶺監督は、「誰も仙ちゃんを責められませんよ」とペナントレースの代償をかばった。星野が不思議と日本一から縁遠いのは、この時のトラウマだったのであろうか。

星野にとって2回目の優勝が引退の年になってしまったのは、なんとも皮肉な結果だった。チームを支えてきたベテランが、チームのためによかれと思ってやったことを首脳陣に無視された時に自分の居場所を失う例を何度も見てきたが、8年ぶりの優勝を目指したのは、星野がプロ入り14年目、32歳の時であった。

当時の監督は近藤貞雄。74年の優勝時のヘッド兼投手コーチである。74年はリリーフに回っていた星野はこの年、先発に戻っていた。7月1日の巨人戦で勝利寸前の九回、淡口《あわぐち》憲治《けんじ》に同点本塁打を打たれて引き分けに終わった試合があった。

それを最後に巨人戦での登板がなくなり、優勝のキーポイントとなった6点差を江川からひっくり返した巨人戦でも、選手を使い果たしながらも出番がなかった。その後、優勝を決めた大洋戦でも、大量点リードの中、星野の出番はなかった。そして、西武との日本シリーズでも一度もマウンドに立つことなくユニホームを脱いでいる。

優勝争いの中で〝野次将軍〟をやっていた星野は、自分の存在感のなさに気づいた。右ひじだけでなく右脚大腿部《だいたいぶ》の肉離れを抱えながら投げていたのはなんだったのかと思い始めた夏の日、星野は引退を決意している。監督との確執が伝えられる中、星野が我慢を続けたのは、チームが優勝ムードにあった時、それに乗るのがベテランだと思ったからだ。

「いまでこそ監督として人を使う立場になって、ベテランの扱い方の難しさがわかるようになった」

と星野は語っていたが、入団してからの14年間の現役生活のすべては、監督になった時の肥やしになっていった。気持ちを前面に出して巨大戦力に立ち向かう星野の姿は、アンチ巨人ファンにとって、これほどすがすがしいものはなかった。星野が記録よりも記憶に残る、一時代を築いた男であることは確かだった。

第2章

「田舎者根性」から脱却せよ!

——星野仙一の組織力［中日監督、解説者時代］

横浜戦で三振の判定をめぐって、立浪和義内野手とともに橘高淳球審に猛抗議する“燃える男”星野監督（2000年5月20日、ナゴヤドーム）

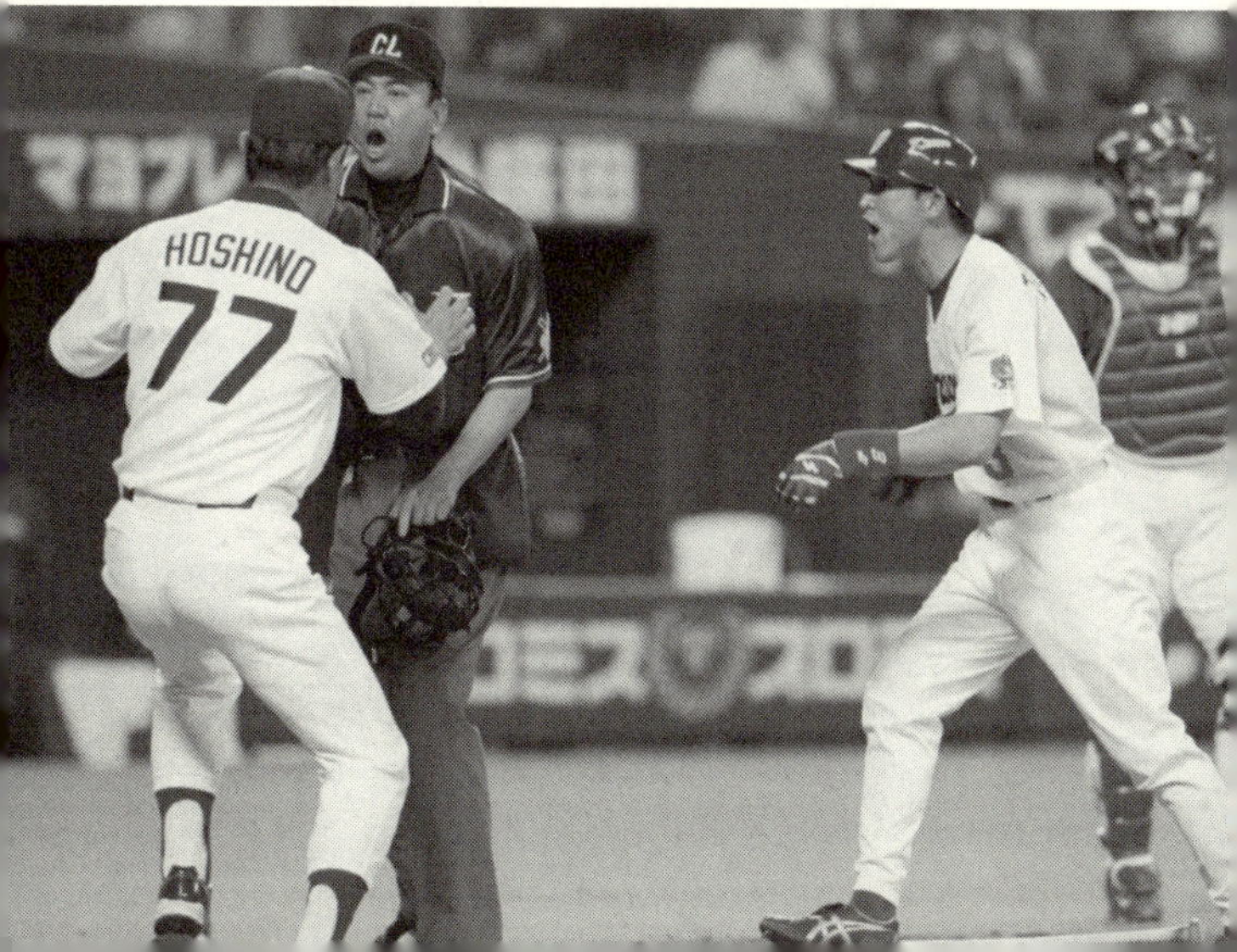

なぜ、地元の新聞社のオファーを蹴ってNHKを選んだのか？

星野仙一は引退を決意するとともに、コーチの要請を受けないままにユニホームを脱ぐことになった。

この時、解説者としての契約先として星野が選んだのは、地元の中日新聞社、中部日本《ちゅうぶにほん》放送ではなかった。「地元のスターでは終わりたくない」という思いから、NHKや日刊《にっかん》スポーツという全国区の仕事で自分を磨くことを決意していた。

「名古屋の田舎侍でありたくない」という思いの一方で、星野の計算は別のところにあった。地元局の誘いのほうが高い契約金を用意していたのだが、あえて年俸の安いNHKを選んだのは、〝星野の顔〟を全国に売ることと、監督出身者が多い放送局であることを考えていたからであった。

そのために、星野は加藤巳一郎《かとうみいちろう》オーナーのもとを訪れて深々と頭を下げ、「星野がもうひと回り大きくなって戻ってくるために名古屋を離れたい」と申し出ている。その時にきちんと仁義を切ったために、再び監督として中日のユニホームをすんなり着られたのであった。去る時の節度をきちんとすることは大切である。

NHK中心の活動を始めた星野の舞台は東京に移る。そのためには居住地を東京に移したほうが何かと便利だ。だが、「東京に移ろうか」と言う星野に、妻・扶沙子《ふさこ》さんはガンとして首を縦に振らなかった。

その理由は、「名古屋でお世話になった人間は、名古屋に骨を埋《うず》めるべき」ということであった。つまり、名古屋での活躍で大きくなった人間は、地元に税金を還元することで、地元からいつまでも親しまれるのではないかということであった。

「名古屋で商売をするには、名古屋に居を構えて税金を落とすようにしないと信用されない」という話をよく聞く。全国からの移入者が多い東京とは違って、地元意識が特別に強い土地柄なのである。

それで思い出すのが、２１０安打を放って日本中を沸かせたイチロー（当時オリックス）の年俸が5億円近くになった時、住民票を神戸《こうべ》から実家がある愛知県西春日井郡《にしかすがいぐん》豊山《とよやま》町に移したことだ。税金を父親の住む愛知に落とそうと考えての行動だが、神戸のファンが少しずつ離れ始めていた時期と一致している。

東京に憧れ、全国区を目指していながら、星野は名古屋に居を残し、単身赴任での東京での生活の中でいろいろなことを学んでいる。85年に『サンデースポーツ』の初代キャスターに就任するや、ソフトな語り口でたちまちお茶の間の人気者になっていった。星野の〝奥さまキラー〟の異名はこの時に生まれた。地元局では考えられないＮＨＫが持つ全国ネットの威力を星野は肌で感じた。

阪神監督に就任した02年、星野はシーズン中の取材をNHKにしか許していない。たしかに、一度はNHKの解説者に復帰が決まっていながら、それを反故《ほご》にして阪神監督に就任したという懺悔《ざんげ》の気持ちはあったかもしれないが、実際は有形無形にNHKが持つ威力を、それまでの体験で身にしみて知ったからではなかったか。

名監督・川上哲治の懐に飛び込むことで学んだこと

星野が契約した当時のNHKの解説者は監督経験者ばかりだった。東のドンといわれた川上哲治、西のドンといわれた鶴岡一人の息がかかった人間しか解説者として契約しないといわれた時期であり、星野はまったくの異端児であった。

5年間の解説者生活を終えて現場に復帰する時、仲のよかった山本浩二に引き継ぎをするに際してのアドバイスは、「東京での仕事が多くなるけれど、絶対に広島から離れるなよ」というものであった。

山本と前後して引退した衣笠祥雄《きぬがささちお》は、東京での仕事が多くなったのを機に東京に住居を移してしまった。広島のファンにしてみれば故郷を捨てた男というイメージとなり、チームへの復帰を受け入れにくくなってきているのを見ると、星野の考えには一理あるように思える。

星野があえてＮＨＫを選んだもう一つの理由は、監督経験者の輪の中に入って、少しでも監督術を学びたいという思いが人一倍あったからだ。それは新人時代からの目標でもあった。

ＮＨＫに入るにあたって、東京・世田谷区《せたがや》の川上の自宅に挨拶に訪れている。この時、星野は地元の銘菓と川上夫人の好物をしっかり調べ上げて持参したといわれる。忠臣蔵《ちゅうしんぐら》ではないが、浅野内匠頭《あさのたくみのかみ》は赤穂《あこう》の名産の塩を献上して辱めを受けることになったが、星野は名古屋の銘菓を持参することで川上の心をつかんだ。そして、夫人の好物を差し出すことで、その距離をうんと近づけることができたのだ。

プロゴルファーの世界に入ったハニカミ王子こと石川遼《いしかわりょう》は、ジャンボ尾崎《おざき》に頭を下げて師事を申し出た。それを伝え聞いた時、なぜか石川と星野がダブった。誰に仁義を切ればいいのかを知っていたからにほかならない。

現役時代に水原茂や与那嶺要から聞いていたイメージと、実際に目の当たりにした川上の冷徹さとやさしさの二面性を比べることで、星野は決して好き嫌いで人を判断してはいけないということを知った。「自分にとって学ぶべきことが多い人なら、いい人とか悪い人とか、あれこれ言う必要はない。自分にとってはすべてが〝いい人〟ということになってくる。

当時の川上は、隠居するにはまだ若すぎた。だが、かつての三原脩や水原のように他球団のユニホームを着て巨人を相手に戦おうという野心は持っていなかった。巨人でいい思いをしてきたし、巨人のすごさを肌で感じていたために、巨人を敵にして戦うのは並大抵ではないことも知っていた。

だが、巨人のことがやはり気になる。誰でも、監督を辞めた時、周囲の人たちの輪が崩れ、権限が移譲され、自分がないがしろにされるのではないかと思い始めると、たまらなく寂しさが増すものらしい。なんとか球界にかかわり続けたいと思うようだ。

それは、星野自身が投手コーチとして招聘《しょうへい》した山田久志に監督を譲り、すべてを託した時に、まったく相談なしにことが進んでいった寂しさと似ていたのではなかったか。

大監督として君臨した者が、「少し休みたい」という思いよりも、自分が築き上げたものが後任の指揮官によって次々と変えられていく寂しさ。しかも、まったく相談されないことへの悔しさが重なって、後任への不信感にまで発展することがあるが、あとを委ねた長嶋茂雄に対する川上の思いはそんなものではなかったか。

そんな時期に訪ねてきて、勉強させてほしいと深々と頭を下げた星野は、川上にとってなんともかわいい存在に映ったのではなかったか。川上は何かあるたびに星野に声をかけるようになった。彼なら自分の後継者になると思ったようだ。

川上のもとで学んだのは、組織づくりであり、危機管理術であった。V9を達成した監督だけに話には重みがあった。監督になった時の参考のためにメモを必死で取る星野に、川上は全面協力を申し出ている。それは、川上の頭の中には「打倒長嶋は彼に託した。それによって自分の野球が追認されることになる」という思いもあったはずであった。

星野の生みの親が島岡吉郎だとするならば、育ての親が川上というのは、そんな理由からだ。星野にも、川上に認めてもらえば「球界のお墨付きをもらったようなもの」という思いがしっかりとできていたのであった。

星野がのちに中日監督に就任した時に背負った背番号は、川上が巨人監督時代につけていた〝77〟であった。それは阪神、日本代表、楽天の監督になってからも変わっていない。

〝青年監督〟が就任後に最初に断行したこと

男の友情と、その対極に位置する非情。星野は欲しいものは必ず手に入れる一方で、切り捨てのための非情さを随所に発揮する。

87年オフ、監督として2年目を迎えようとしていた星野は、若返りと活性化を図るため、チーム生え抜きのベテランを次々と放出した。

そんな星野に対して、周囲は「自分の城を守るために次々とナンバー2を切り捨て、独裁者の座を築こうとしている」と評した。

事実、若き日の星野は、権力の座を守るために、ある程度の独裁体制を敷かないとチームがバラバラになってしまうと考えていた。

そして、ようやく監督の座についた時、一番扱いにくいのは、自分の現役時代を知っているベテラン選手だということに気がついた。

現役時代には、寄るとさわると監督に対する不満や愚痴を選手同士でこぼし合うものだ。ところが、監督になってしまえば、選手と一線を画さなければいけない時がくる。選手にしてみれば、監督になったとたんに態度が変わる男かと失望する。そんな自分を白い目で見る生え抜きのベテランたちに対してどう対応していくかが、指揮官の最初の重要な仕事になってくる。

一般的には、3つの方法がある。

1つ目は、戦力として使えるならば使い、使えなければ切り捨てる。功労者とはいえ、一選手として若手と一緒の目線で見ることを明言する。

2つ目は、戦力として欲しがっている相手に快くトレードに応じて商売をする。

3つ目は、将来を約束したうえで現役引退を求めるか、忠誠を誓わせてチームのまとめ役として飼い殺しにしてしまう。

当時の若く血気盛んな星野にしてみれば、自分を織田信長《おだのぶなが》に見立てた場合、明智光秀《あけちみつひで》になりうる人材はすべて切り捨てなければならない。

その犠牲になったのが、現役引退を迫られた谷沢健一であり、トレードされた平野謙、田尾安志、大島康徳、牛島和彦、中尾孝義らである。忠誠を誓って生き残った小松辰雄《こまつたつお》、仁村徹らも、ある時期には外から野球を見ることを余儀なくされた。

親友・大島康徳への〝非情の決断〟と〝この上ない気くばり〟

ベテラン排除の姿勢を如実に表したのが、大島に対してであった。

子分としてかわいがった選手に非情の通告をすることほどつらいものはないのだが、大島に対して、星野はそれを堂々と行ったのだ。

星野が監督になった87年に、大島に日本ハムとのトレードの話が持ち上がった。星野と大島は大卒・高卒の違いはあっても、同期入団のよしみで仲がよかった。「仙さん」「ヤス」と呼び合って一緒に遊び歩いたりしていたほどだ。

大島は星野の表も裏も一番よく知っている男かもしれない。チームの再建のために一緒に戦ってもらいたい気持ちはあっても、やはり、指名打者（DH）制がなく守備の負担が大きいセ・リーグでは、30歳を超えた、打つだけの選手をそのまま生かせる場所はない。

それなら、働けるうちに打撃に専念できるパ・リーグに行けば、もうひと花咲かせることができるかもしれない。

大島の性格を考えれば、力が落ちて使われなくなった時に、必ず不満が頭をもたげてくる。気まずくなる前に先手を打つために、トレードを承諾させたのであった。

トレード通告があったのは選手会納会の翌日。どうしても球団発表よりも前に一言伝えようと考えた星野は、必死で大島を探した。当時は携帯電話があるわけではない。大島の立ち寄りそうなところをシラミつぶしであたったが、居場所がわからない。のちに星野は「大島がつかまらなければ発表を1日延ばした」と語っていたが、これは、きちんと順序だけは踏んでから発表したいという星野ならではの気くばりであった。

やっと大島と連絡が取れたのは、トレード発表の1時間前だった。そして、その場でしっかり決別を告げた。そのほうが大島のためになると思ったからだ。

「オレとお前の仲でも、コーチになって中日に戻ってくるなんて絶対に考えるな。日本ハムに骨を埋める気で頑張れ」

「オレが監督をしている間は必ず面倒を見てやる」と言った牛島の時とは違い、「死んだ気でやれ」と言ったのだ。

もし戻れる場所があるという甘えがあったならば、大島は死にものぐるいになってあれほどの活躍をしたであろうか。

のちに大島が２０００本安打を達成して名球会入りを果たした時、「もう戻れる場所がないという思いで、死にものぐるいで働いた」と言っていた。星野の一言で甘えを捨てたことが功を奏したのだ。

人間関係の極意は〝貸し借りの清算〟にあり

１年後輩の谷沢を現役引退に追い込んだ時、星野監督が谷沢に告げたのは、現役にこだわる谷沢に対して、〝3割〟という殺し文句だった。

「お前、この先3年間、3割を打つ自信はあるか。打てるならオレは喜んで使う。打てないのなら若いヤツを育てる。お前が監督なら、どっちを選ぶ？」

それがチームのためになるならと、泣く泣く谷沢は引退を決意した。そして、

「オレの次はお前が監督をやればいい。そのためにも外で勉強してこい」

と言って解説者の道を探してやったといわれる。

若手を育てるためには、「力が落ちたベテランと、出世をあきらめた連中ほど扱いにくいものはない」といわれている。引導を渡すことなら、ちょっとした勇気で誰でもできるが、その後の就職の道を探すことまではやらない。

指導者は、いつかは鬼にならなければいけないことが多い。そして、その処理のしかたによって人間性が出てくる。

そんな中で、田尾に関してだけはトレードに出すにあたってのフォローをあまりしていなかった。入団の時から谷沢べったりだった男を快く思っていなかったのか、あるいは理屈っぽい性格が煙たかったのかもしれない。

その後、田尾はのちに西武から阪神へ移って代打男として活躍した。『プロ野球ニュース』（フジテレビ系）のメインキャスターを務めたこともあり、とくに大阪出身のため関西地区での人気は根強く、解説者としての評判はめっぽうよかった。また、その理論と人気を買われ、05年には球界再編で新たに誕生した楽天の初代監督を務めている。

こういう人間は敵に回すより手の内に入れようと判断したのだろうか。星野は田尾がコメンテーターを務める『すぽると！』（フジテレビ系）に生出演しての対談の席上、阪神が折しもオリックスとの交渉が決裂したジョージ・アリアスを獲るかどうかについて、ズバリ、田尾に意見を求めている。そのうえで、

「田尾さんがいいと言うのならば獲りましょう。その代わり、チームに来て責任を持って面倒を見てくれよ」

と言うのであった。そこまで言われたら男冥利に尽きる。あのクールな田尾ですら、星

野にコロリとまいってしまったのだ。

星野流の人間関係の処し方は、いつも貸し借りの清算のような気がしてならない。「ここで借りをつくったから、必ず返さなければいけない」というのと同じで、苦労をかけ、チームの若返りや体質改善の犠牲になった人たちには、必ず借りを返すよう心がけている。だから、どこに行っても人がついてくる。そして、放出された人間も恨みを残さなくなるのだ。

選手を奮起させるために考えた〝アメとムチ〟

星野は中日の監督に就任するや、名古屋の財界を中心とした後援会づくりに着手する。そこで発足したのが「仙友会」で、この後援会費が選手奨励金という形で選手の賞金になった。時はバブル。誰もが豊かな時代に、カネで選手の尻を叩《たた》いているといわれながらも、選手たちはいままで経験したことのない金額を手にすることで奮起した。

カネで選手を操る一方で、鉄拳で選手を厳しく鍛え上げるという、カネと暴力のバイオレンス野球を展開。これが選手に緊張感を持たせ、いい結果を出していた。

星野は当時から「叱れる監督」といわれている。ほめるのは誰でもできるが、叱るには愛情と勇気がいる。第１章でも述べたが、「愛情がなければ人は叱れない」とはっきり口にしていた星野は、叱ることの一つの鉄則をつくっていた。

「選手を叱る時にはその場で叱れ。しかも人が見ている前で、キチンと説明して、勇気をもって叱りなさい」という言葉があるように、大声で、その場で叱った。叱られたほうはプライドを傷つけられるが、星野がそれをあとに引かないことを知っているために、選手も根に持つことはない。だが、中途半端にプライドだけが高い選手とは衝突する。星野にとって必要なのは、素直についてくる選手か、完全にできあがっている選手。中途半端なベテランは必要なかった。

星野は、自分の野球を補佐する参謀、悪役になって自分の代わりに叱ってくれるコーチ、そして激高する監督の裏に回って支える補佐役の、3人の裏方を必要としていた。

中日時代から、星野は選手の夫人の誕生日に花を贈っていた。そうすることで選手の奥さんから感激され、「お父さん、この人のために頑張って」という気持ちにさせられるというのだ。それは当時の担当記者にもおよんでいた。

家庭では誰が主導権を握っているか、どこをくすぐれば全体がうまくいくかを知っているからできる芸当。その実行役を果たしていたのが早川実《はやかわみのる》という補佐役であった。現役時代は投手で、のちにバッティング投手を務めた。目利きが優れていたため、星野のマネージャー役を果たしていた。

巨人のＶ９の時には、牧野茂《まきのしげる》ヘッドコーチが選手の家族の状況などを全部知ったうえでアドバイスを送っていたといわれるが、星野の気づかいの幅は早川の度量から生まれているところがあった。

星野は自分の手の届かない部分で役割を果たす裏方に対する気づかいも大切にしていた。自分の意を酌んで動いてくれる裏方を大事にすることで、星野の器の大きさは他球団にも噂《うわさ》として広がっていく。球界では裏方同士ほど横の連絡がある。そんな中で、星野のスケールの大きさは、監督就任１年目から知らず知らずのうちに球界全体に広がっていった。

「名古屋特有の事情」が生んだ補強戦略

星野の野球人生は、巨人が欲しいものはなんでも貪欲に獲りにいくというものであった。これは、ライバルの戦力が拡大していくことはなんとしても避けたいという意地である。

監督という権力の座を手に入れた男にとってみれば、その力を維持するために、指をくわえて他チームの戦力拡大を見すごすことは、どうしても避けたかった。ましてや相手が巨人となると絶対に許せないのである。

また、近藤貞雄が「野武士野球」を提唱したように、名古屋というのは独特な風土があり、外部からの侵入に対して敏感に反応する。星野はそういう土地柄にうまく適応していった。

名古屋で育った徳川家康《とくがわいえやす》は東上することで天下国家を築き上げた。野球の星野は東で男を上げ、西に下ることで天下取りに燃える。

中日の親会社はブロック紙の雄である中日新聞社であり、中京地区では9割のシェアを誇っていた。一方の巨人の親会社は、ニューヨークタイムズを抜いて世界最大の1000万部を誇った全国紙の読売新聞社である。

その読売新聞社がどうしても撃ち落とせなかったのが名古屋地区であった。中部読売を出城にして殴り込んだが、撤退せざるをえなかったほどである。

中日新聞社が持つ読売イコール巨人へのライバル意識は並大抵ではない。それだけに、有力選手の巨人入りはなんとしてでも阻止したいと思って当然だし、親会社も十分に納得してあと押ししてきた。

巨人の槙原寛己《まきはらひろみ》がFA（フリー・エージェント）宣言した時、イの一番に手をあげたのは中日であった。表向きの理由は「地元で育った人間を名古屋のチームに戻せ」ということであった。

しかし、本当の目的は巨人の戦力の切り崩しであった。槙原の背番号にちなんだ17本のバラを持って説得に訪れたという長嶋の熱意の前に敗れてしまったが、中日が虎視眈々《こしたんたん》と巨人の戦力の切り崩しを狙っていたのは事実であった。

落合獲得を成功に導いた〝情報力〟

星野がロッテで3度も三冠王を達成した落合博満《おちあいひろみつ》の獲得に電光石火の早業《はやわざ》で動いたのは、中日監督就任1年目の87年のことであった。

もちろん優勝のための重要な戦力と計算していたが、それ以上に、どうしても獲らなければいけなかった理由が巨人の存在だった。

この時点で、落合はロッテとの契約がこじれていた。原因は自分の成績とチームの成績の評価に対する差。落合は「それならほかのチームに出してくれ」と言い、ロッテもやむなしと判断している。

そんな動きをキャッチしていた巨人が、まず獲得に動いている。「トレードなら巨人に行きたい」と落合も言っていたし、落合が納得するだけの待遇を提供できるのは巨人ぐらいしかないとタカをくくっていた。

そこに横ヤリを入れたのが星野中日であった。巨人に行くのをみすみす指をくわえて見ているわけにはいかない。

「もし落合が巨人に入ったら、当分オレの優勝の芽がなくなってしまう。黙って見逃すわけにはいかなかった」

とのちに星野は言っているのだが、「巨人にだけは」という気持ちは交換要員に対する力の入れ方にも表れていた。

「巨人にだけは勝たせたくない。ここで巨人に行かれたら中日の優勝はなくなってしまう。そのためには、それなりの原資を用意してほしい」

星野はこう言って当時の加藤オーナーに頼み込んでいる。

中日フロントは当時の金額で1億円を超える年俸を必要とするうえに、変わり者で協調性がまったくないと評判の落合の入団には難色を示していた。しかし、星野は、

「落合の性格がいいとか悪いとかではない。巨人に負けるか勝つかの問題なんだ」

とオーナーに直訴して了解を取っている。

その後の動きは、星野独自の情報網と親会社が持つ情報網をフルに生かしたものだった。幸い東京中日スポーツの担当記者だけが落合と仲がよかった。その記者を通じて、落合と巨人との接触の密度と進展具合を聞いている。

巨人の場合はOBを通じて打診するといういつもながらのやり方であった。巨人にすれば、トレードを長引かせることで交換要員の値踏みをしているところがあった。いつもの巨人流のトレード方法であった。

星野の人間力をもってしても壊せなかった〝壁〟

そんな中で、あれほど巨人に行きたいと言っていた落合の気持ちがぐらつき始める。このままでは任意引退に追い込まれるのではないかという不安も感じ始めていた。

その情報が入ってきた時、星野は水面下で落合に接触する。落合が野球を続けられることを第一に考えていることを知ると、

「年俸はオレが責任を持つ。ウチは若いチームだから、お前が引っ張ってくれ」

というセリフで口説いている。

次に、情報戦において、どこで強気に仕掛ければいいのかを決断し、相手の言いなりに近い交換要員を用意した。一人はリリーフエースの牛島であり、もう一人は成長株の上川誠二であった。

相手が求める人材を用意することで、一発回答でトレードを決めている。ここで妙な駆け引きをしていたら、カネと人の力によって巨人に逆転されたかもしれない。星野監督の間一髪のトレード劇に、さすがの巨人も入り込めなかった。

巨人の正力亨《しょうりきとおる》オーナーは、ロッテの重光武雄《しげみつたけお》オーナー（ともに当時）に「もう少し待ってくれないか」と頭を抱えて申し入れているが、それはできない相談であった。

それからさらに歳月がたち、加藤オーナーが亡くなって白井文吾《しらいぶんご》オーナーが就任すると、

名古屋の地で読売と激しい販売競争をした時代をそれほど肌で感じていない世代の人たちが中核を占める。なんとしても巨人に勝ちたいという思いよりも、安定や持続への要求が、前オーナー時代よりも大きくなってきていた。

だから、愛知県出身の工藤公康《くどうきみやす》（現ソフトバンク監督）がFA宣言をした時も、星野は表立って動くことができなかった。そのうえ、夫人が中日新聞社と深い縁を持つ江藤智《えとうあきら》も手に入れることができなかった。

「誠意とか人情とか言っても、通用しない何かがあるのを知っているか。それは原資、マネーだよ」

星野はこう言って、人差し指と親指を丸めて見せたことがあった。

ただ、星野にすれば、巨人一辺倒のFA選手に対して、中日が参戦することで値段を吊《つ》り上げてやりたい、どうせ金銭闘争になったら絶対に勝てないのはわかっているのだから、金額を吊り上げて巨人に無駄金でも使わせないと気がすまないという、せめてもの対抗心があった。

星野に巨人への激しい対抗心が残っていたからこそ、阪神監督になっても打倒巨人に燃えることができたのだった。それくらいに激しくしないといけないと考えると同時に、巨人のすごさを肌で感じていたのだ。

なぜ、星野のチームは「就任2年目」で変貌するのか？

中日時代は星野も若く、熱かった。そんな中で、星野が当時を振り返る時に必ず話に出てきたのは、札幌《さっぽろ》での円卓会議のことである。

86年オフに落合を獲得して、87年に2位に浮上した中日は、88年には捕手を中尾孝義から若い中村武志《なかむらたけし》に代えて、長期展望に立ってのチームづくりを考え始めていた。奇をてらう中尾のリードよりも、オーソドックスなリードの中村を育てることが至上命題とされていたのだ。ベテランの大島がいなくなり、チームは若返りを見せていた。高卒ルーキーの立浪和義《たつなみかずよし》をショートのレギュラーとしていきなり起用したのもこの年であった。

自分が就任した年にレギュラーとして使った選手の働きが、のちの監督の命運を分けるといわれる。かつて巨人では藤田元司《ふじたもとし》の1年目には原辰徳《はらたつのり》がいたし、長嶋茂雄にとっては松井秀喜《まついひでき》、王貞治にとっては巨人では桑田真澄《くわたますみ》であり、ダイエー（現ソフトバンク）に移ってからは城島健司《じょうじまけんじ》、森祇晶は清原和博《きよはらかずひろ》、東尾修は松井稼頭央《まついかずお》（現西武兼任コーチ）、仰木彬は平井正史《ひらいまさふみ》と列挙できる。就任2年目の星野は、立浪を1年目から使うことで、新しいチームづくりをしようとしていた。

チームは開幕から順調に勝ち進んでいた。ところが、6月の札幌での巨人戦を前にチームは連敗し、札幌でも負けて6連敗になった夜、落合が初めて選手たちに声をかけて全員を集合させた。「ともかく、自分たちの野球をやろう」と檄《げき》を飛ばし、コーチたちは全員集まって対策を練った。星野はあえて余分なことを口にせず、「自分たちで考えてみろ」と突き放したのだ。

選手は移籍2年目の落合の一言でシャキッとしたが、コーチたちはその対策に議論が百出していた。年1回の札幌遠征は、選手たちにも首脳陣にとっても楽しみにしているものであった。にもかかわらず、コーチたちは外出もせず、会議を延々と続けていた。星野が外出から戻った午後11時過ぎまで口角泡を飛ばしていたのだった。

「俺には真剣に勝つことを論じる仲間がいると思ったら熱くなった。この連中のためにも絶対に勝たねばと思った」

星野はそんなことを言った。

これを境にチームは上昇気流に乗っていった。この時に星野が思ったのは、上司が余分な口出しをすれば、激しい口論にも遠慮が出るということだった。だから、あえてその場にいないようにしていたのだ。

キャンプ中でも、コーチたちはその日の反省点を出しながら、コーチ同士で食卓を囲むのを常にしている。ミーティングを兼ねての食事だ。星野も顔を見せることがあるが、議論が高まると黙って席を立つことが多かった。遠慮なく話ができるように、との配慮であった。

阪神に移ってもそれは続いた。細かいことのいっさいは島野育夫《しまのいくお》ヘッドコーチに指示するだけで、あとは担当コーチからの報告を待っているだけであった。

第1次星野政権の崩壊に見る「星野式・人心掌握術」の限界

星野の中日監督辞任は、あまりにも唐突なものであった。ペナントレースの行方もまだ確定していない91年9月21日、星野は球団に辞意を伝えている。当然ながら加藤オーナー、中山了《なかやまとおる》球団社長とも強く慰留したというが、不思議なことに、どうもそれは表面上のものだったようで、すぐに後任探しに動いたともいわれている。

「チームづくりは5年が勝負。監督業も5年を区切りとするのがちょうどいい」

と言っていた星野だが、これほどまでに性急な動きをする必要があったのか。

ある地元関係者は、こんな見方を披露した。

「きれいな形で球界を去りたい星野さんは、煮え切らない地元財界と選手に業を煮やして、最後のカンフル剤を打ったんじゃないですか。ああ見えて気の小さい星野さんにしては、めずらしい大バクチだった」

とはいえ、子飼いのコーチたちの転職先を見つけないまま、自分の意思だけを発表するのも腑に落ちない。

親分肌の星野は田淵幸一とよく比較されるが、その戦術、戦略、人脈づくり以外に違う点がある。

「田淵には人は寄って来るが、人が添わない。星野は人が添うが、人を使えない」（球界関係者）

ともあれ、明大・岡山閥で固めた星野政権の日本一はバブル経済の崩壊とともに泡と消えたのだろうか。

「富士《ふじ》銀行（現みずほ銀行）の不正融資に絡んで星野さんが関係していた会社の名前も挙がった。これが地元の東海《とうかい》銀行（現三菱《みつびし》東京ＵＦＪ銀行）も含めた大がかりなものに発展した時、名古屋での反応は一様に冷たかった。捜査が続くにしたがって、再び名前が出ることを恐れて、いらぬ詮索《せんさく》をされるよりも、と考えたのではないですか」（地元関係者）

つまり、辞任ですべてに終止符を打ちたいとの狙いが見え隠れしていたというのだ。

華麗な人脈や豊富な資金源をバックに栄華を極めた星野独裁政権は、あまりにも強烈すぎる個性と、自分好みの人間しか周囲に置かなかったため、時の流れを完全に読めなくなっていた。それに加えて、ストレスからくるのか、情緒不安定だったともいわれた感情の激しい起伏も、そんな状況を加速させた。

「たしかに、ここ2年ぐらい、監督はいつもイライラしていた」

という選手の証言もある。地元色の強い中日を強烈な個性で全国区に仕立て直そうとした星野だが、あまりにも性急に結果を求めすぎたためか、多くの独裁者と同様の道を歩むことになった。その要因は5つある。

「男の職場には女は口を出すな」

これが星野の信条だが、ひとたび野球を離れれば細かな気くばりを見せてきた。先述した選手の家族へのプレゼントは、じつは星野本人ではなく、妻・扶沙子さんの気づかいであった。なかには落合夫人・信子《のぶこ》さんのように、「もらう理由がない」と突き返した例もあったが、だいたいはありがたく受け取っている。また、友好球団であるドジャースのピーター・オマリー会長(当時)に中日の戦いぶりを毎日FAXで連絡するなど、内助の功は大変なものだった。その扶沙子さんがそのころ体調を崩していたのだ。

星野本人も88年に飛行機の中で荷物が落ちてきて頭にぶつかる事故にあって以来、むち打ち症に悩まされてきた。90年に浜松《はままつ》医科大学の人間ドックに入って検査するという噂が出た時には、フロント関係者が本気で調査したともいわれる。だが、この表向きの辞任理由を全面的に信用する人は少ない。

「星野さんの口の悪さは有名でね。腹にはないんだが、すぐにカッコをつけたがる。実際、

『名古屋の田舎財界が……』などという言い方に、カチンときていた人も多いんです。だから、バブル企業とのつきあいが表面化した時など、地元の非難も大きかった」（地元関係者）

中央志向の強い星野の人気が全国区になるにしたがって、地元財界のやっかみも強くなっていたのだろう。

中日というチームは親会社からの天下りが多く、腰掛け的な球団役員がほとんどだけに、余分な出費を極力避けるように努力していた。そんな土壌に登場したのが星野だった。星野は自分の後援会から集めてきた報奨金で選手のやる気を喚起した。だが、「ちょっと活躍すればポンと30万円の現金」も、度重なるとご利益が薄くなるのが人の常。最初の1、2年はよかったが、時間がたてば刺激はなくなる。

最初はものめずらしさもあって後援会に入っていた人も、カネを取るだけで見返りが少ないと徐々に離れ始め、集金能力も低下した。そして、報奨金の額にも響いていったのである。それまでカネで選手を操っていただけに、これは痛かった。カネの切れ目が縁の切れ目になってしまったのだ。

球界、フロントの反発を招いた〝若気の至り〟

「ワシは熱くなるとカッとして前後の見境がなくなる性格やから、政治家には向いとらんやろ。ああいう場は熱くなってはいかんのやから。でも、それがエネルギーやったけれどな」

監督辞任が決まったのち、マスコミの質問に答えてポツリとそう語った星野だが、「いけ!!」「ぶつけろ!!」といったベンチからの掛け声は、そのころの代名詞ともなっていた。

それは、ほかのチームにもあまねく知れ渡っていた。中日ナインへのこの〝業務命令〟は、じつは恐怖だった。指示に従わなかった井上一樹《いのうえかずき》（のちに外野手）――山中潔《やまなかきよし》のバッテリーは即刻二軍落ちという処分を受けた。

一軍にとどまれても、ベンチ裏では殴打の連続で、中村が鼻血を出して打席に入っていたなどという噂まで伝わった。また、中村が「監督がぶつけろと言っていますので、後ろを通しますから、すみません」と言ったとか、立浪が乱闘の時に相手チームのナインに、「うちはこういうチームですみません」と謝ったとか、噂は一人歩きした。

地元でも「あれでは教育的な立場からよろしくない」との声が上がり、親会社の役員会でも話題になっていた。

星野政権は明大・岡山閥によって成り立っていた。そうしたコーチたちが一枚岩になって、V9時代の川上巨人のように星野の強力な個性を支えていた。星野自身もよきにつけ悪しきにつけ川上巨人を踏襲したフシがある。川上は野村《のむら》證券の瀬川美能留《せがわみのる》会長（当時）に財テク指南を受け、各コーチにも潤いを与えた。人脈、金脈とも川上ファミリーはより強固になった。

星野も同様に、身内の仲間たちに儲け話をいくつか教えていた。ところが、バブル崩壊で大損害を被った人も出たらしい。その時点で、すでに絶対君主の神通力は失われたといっていい。

不正融資事件関連で星野の名前が出たのは、91年8月8日の対ヤクルト3連戦で3連勝を狙う試合前であった。

この1戦にも勝ち、本来なら一気に勢いに乗って突っ走るはずだったが、なぜか急降下し、以降は低迷することになる。

「名前を貸したことはあるが、会社にはまったくタッチしていない」

星野はそう釈明したが、闇の中のままに消え去っていった。

「中日を全国区の球団に」……星野の夢を奪ったものの正体

同じころ、明大の有力OBの間では、「星野は勝っても負けても辞めることで腹が決まっている」ということを口にする人が多かった。

しかし、優勝を置き土産に有終の美を飾ろうという星野のシナリオは、心ならずもこの不正融資関連で完璧に別のストーリーとなってしまった。おまけに、それが地元の東海銀行を巻き込んでの事件に発展する様相を呈してきたため、「辞任」という形での幕引きを考えたのだろうか。

かつて落合も指摘したことがあるが、「選手のCMは禁止しているのに、監督だけがCMに出ていいカッコをしていいのか」という批判も再三出た。評論家時代の収入との差額を補填するための策として球団が許可したものであったのだが、選手に対して必要以上に厳しく当たってきただけに、こうなれば反発も出てこようというものだ。

もちろん、星野には中日を全国区にした功績が確かにある。監督としての資質にしても一流のものを持ちながら5年で辞任したのは、野球人としては才覚も商魂も人一倍ありすぎたため、敵を多くつくってしまったからではないだろうか。

ただ、選手たちに別れを告げて、「残り14試合、思い出を残して戦おう」と言った時には、選手の間からすすり泣きが漏れたといわれる。殴られながら育った中村や大豊泰昭《たいほうやすあき》が、辞任が決まったとたんに必死でプレーし始めた。思い入れが激しい野球人にとっては、辞任が最大のカンフル剤になったのである。

それはさておき、フロントにしても、続出する憶測にピリオドを打ったためか、次期監督の決定は驚くほど早かった。中日OBで岐阜に強力な後援組織を持ち、星野就任時に次の切符を渡されて代理監督の座を去った高木守道であった。

「中日を全国区の球団に」を目標に、強烈な個性と絶大なバックを得て独裁政権を敷いた星野のあとに、温厚で無難な人材に落ち着いたのは、名古屋という土地柄のせいなのか。星野の強烈な個性が再び待望されたのは当然のことだった。

さらに厳しさを前面に出した第2次星野政権

92年に高木に監督の座を譲った星野は、5年間の監督生活に別れを告げて野に下っている。再びユニホームを着たのは4年後の96年のことであった。ナゴヤドーム完成の目玉として再び白羽の矢が立ったのだ。

ここでも星野はチーム再建のために大型補強を求めている。

星野の厳しさを知っている若手が成長したチームにとって、緊張から解放されたのが、高木が監督をしていた4年間ではなかったか。一度甘い汁を吸うと、なかなか元に戻すのが難しいのが人間である。緊張から解放された92年に最下位に転落したのを見てもそれはわかる。

星野のやり方は、もう一つの〝アメとムチ〟の作戦に見られる。評価としての賞金については先述したが、厳しさとしての罰金もあった。一番の厳罰は首脳陣批判の〝永久追放〟だが、門限破りなどの50万円という高額の罰金もあった。バント失敗がいくらとか、牽制ミスがいくらといった技術的なものに限らず、それは私生活にもおよんでいる。そして、数を重ねると額も倍々となってくるのだから始末が悪い。

星野の第1次政権の時に鉄砲玉といわれた彦野利勝は、門限破りで100万円の罰金を取られたことがあった。効果を出すには、チマチマした方法でやるよりも大胆にやるほうが効果的だという星野の発想からであった。

彦野が青くなって二度と門限破りをしなくなったのはいうまでもない。しぶしぶ罰金を払ったのだが、その集めた金額はシーズンオフに、そのままそっくり奥さんのもとに届けられている。つまり、取る時は取るが、それを自分のところで使うのではなく、そのまま家族に還元する。これによって彦野はメンツが立ち、父親としての権限が増したのはいうまでもない。取るものを取っただけですませるのではなく、それをより効果的に使うところに星野流の知恵があった。

再び星野がユニホームを着ることになった時、選手には緊張感が走った。楽を覚えたべテランにとって、厳しさを前面に出す星野のやり方は苦痛以外の何ものでもなかった。

星野の就任は、なぜナゴヤドームの完成の1年前であったのか。ここにはフロントの営業戦略もある。星野の人気は地元では圧倒的なものがあった。星野人気にあやかって、一気に1万5000人分も増やしたナゴヤドームの観客席を満たしたいという意図もあった。

球界を揺るがした大型トレードに込められた意図

緊張感が戻ったチームは、山崎武司《やまさきたけし》、大豊、音重鎮《おとしげき》ら一発屋の働きもあって2位に押し上げられている。ところが、2年目に最下位に転落している。

広いナゴヤドームでの野球は、それまでのナゴヤ球場の野球ではまったく通用しなかった。一発屋をそろえての攻撃野球では効果はなく、投手主体のディフェンス野球に変更するしかなかったのである。

自分たちの本拠地の球場に合ったチームづくりをするというのが、監督の仕事である以上にフロントの責任にもなってくる。星野はそれをフロントに説得してチーム改造に乗り出している。

最下位に終わった97年のオフ、星野ほどはっきりと新しいチームづくりを打ち出してトレードや補強を行った監督もめずらしい。目的がはっきりしているから周囲も説得しやすかった。

大豊、矢野輝弘《やのあきひろ》（現燿大《あきひろ》、阪神二軍監督）を阪神に出して、阪神から久慈照嘉《くじてるよし》、関川浩一《せきかわこういち》を獲得している。長距離打者の大豊、中村に次ぐ2番手捕手の矢野を失う代償に、久慈、関川という守れて足のある選手の獲得に乗り出す一方で、宣銅烈《ソンドンヨル》（元韓国《かんこく》代表監督）を獲った韓国ルートを十分に生かして、李鍾範《イジョンボム》、サムソン・リーという2人の選手を獲得している。李は韓国のイチローといわれた足のある安打製造機。李—関川の快足コンビに加え、3年間待った福留孝介《ふくどめこうすけ》（現阪神）の入団が決まって、チームはガラリと様変わりをしている。

かつて郭源治を足がかりにして大豊へと続いた台湾《たいわん》ルートもしかりだが、みずからの人脈で築き上げたアジアンルートが第2次星野政権で大いに役立った。

評論家時代により強固なものになったドジャースオーナーのオマリー家やトミー・ラソーダ（元監督、現名誉顧問）との関係は、ひじの故障に悩んだ山本昌《やまもとまさ》が野球留学によって復活した時に生かされた。また、レオ・ゴメスの獲得にもみずから動いている。

そして、明大ルートを通じて後輩の川上憲伸《かわかみけんしん》のドラフト1位での入団を成功させている。星野人脈を生かしたチームづくりは、ディフェンスを中心とした足を絡めての野球への変貌のための補強であった。

「器が組織を変える」を地で行くチーム改革の断行

「いいものはなんでも欲しい」と言って戦略なき補強をするカネのある球団があるが、ポリシーとしての野球を打ち出し、そこからのチームづくりをキチンとする。そのために何が必要かを提示できるのが星野のやり方ではなかったか。

野口《のぐち》茂樹《しげき》の成長、川上の入団、明大人脈を使ってFAで獲得した武田《たけだ》浩一《こういち》に、中継ぎ（のちに抑え）の岩瀬《いわせ》仁紀《ひとき》、山本昌と人材がそろった時、そこに必要だったのが、うるさ型の投手をしっかり掌握できる投手コーチの存在であった。ナゴヤドームに合った野球を変えようとした2年目のことである。その時に呼ばれたのが、オリックスの仰木監督のもとで投手コーチを務めた山田久志。自分たちの野球はどういうものであるかをはっきりさせたうえでの補強であった。

地の利、天の利、時の利というのがあるが、星野はセンターラインの守備を強化するという地の利に合った戦略で、99年の優勝を勝ち取っているのだ。

男が仕事を遂行する時は、きちんと目的と目標を立てて、それに合った戦力づくりをする。そのためには少々の温情や私情はいっさい捨てる。牛島を放出して落合を獲ったことばかりが目立つが、99年の優勝は大豊、矢野を放出して久慈、関川を獲ったことで達成できたといっても過言ではない。「少々の私情とセンチメンタリズムほど戦いを狂わせるも

ったのだ。

「器が組織を変える」ということがある。両翼91・5メートル、中堅119メートル、グラウンド面積1万1753平方メートル（当時）のナゴヤ球場から、両翼100メートル、中堅122メートル、グラウンド面積1万3400平方メートルのナゴヤドームに変わった段階で、チームの性質までも変えようとしていた。

当然、地元のスターだった大豊の放出など、地元ファンにしてみればとんでもないことである。そういう外からの声をいっさい遮断して自分のポリシーを貫くからこそ、「最後の責任はオレが取る」という最後の決まり文句が言えたのではなかったか。

02年オフ、11年間で2度の優勝を果たしたのち、監督の座を山田に譲って、外から野球を見ることに決めた。その時、ナゴヤドームの野球をどうするかよりも、星野の野球ではなく自分の野球の色を出したいと考える山田にメラメラと燃えたのは、星野の負けじ魂であった。それは、星野が師と慕う川上が長嶋に対して持っていたのと同じ感情ではなかったか。

だから、直後に阪神監督に就任した星野が最初に考えたのが、山田中日を倒すために、甲子園の野球を遂行するにはどうしたらいいかということだった。

その答えは、2年目の03年に出たのだった。

88年のトラウマを払拭できなかった99年の日本シリーズ

監督として2度目の日本シリーズ出場となった星野は、ダイエーと日本一をかけて戦うことになった。相手の監督は王貞治。開幕第1戦はパ・リーグ本拠地の福岡ドームだった。日本シリーズでの星野の投手起用はシーズンの実績順に起用するのが常だ。だから、初戦は当然のように19勝をあげた野口を先発に起用した。

一方、ダイエーは勝ち星よりも経験を重んじて工藤を起用。短期決戦はペナントレースの実績ではなく、プレッシャーがかかる初戦に耐えられる実績の持ち主を重用した王と、ふだん通りの星野との差が結果となって現れた。

2戦目は、初戦を落とした中日は新進気鋭の川上。ダイエーは若田部健一《わかたべけんいち》。名古屋に戻っての開催となった3、4戦目は、中日は山本昌、武田の両ベテラン。ダイエーは永井智《ながいとも》浩《ひろ》、星野順治《ほしのじゅんじ》という球に力がある投手を配置している。敵地では力勝負を、というのが王の理論だ。

打線のオーダーも秋山幸二《あきやまこうじ》、村松有人《むらまつありひと》というベテラン勢を一・二番に起用した王に対し、関川、神野純一《じんのじゅんいち》のコンビでスタートした星野は、関川が第5戦まで無安打でも我慢して使い続けている。星野は李鍾範の打順も固定せずに中途半端な使い方をしたのに対し、王は城島、小久保裕紀《こくぼひろき》の打順を固定できたこともつながりとしては大きい。

星野も王も、投手主体の守備中心の野球をやっているために作戦は似た者同士だが、すぐに動いたり交代させたりする王と違って、あまりオーダーを動かさなかったため、流れを自分のほうに寄せ切れないで終わっている。

4戦連続無安打の関川の打順をやっと動かしたのは第5戦、あまりにも遅きに失した感がある。その後、阪神で優勝したあとの日本シリーズでも選手を駒として見られないまま敗北している。こんなところにも、短期決戦においての〝運〟のある選手の使い方が生かせない点が表れている。

敵を知り、己を知って自在に動かす王に対して、セオリーで押した星野が力負けした。当時のダイエーには工藤、秋山という投打のベテランの優勝経験者がいたことも大きかった。ふだんはベテランこそチームを支えてくれる存在だが、星野の手駒のベテランはつねに優勝経験が少ない選手ばかりだった。日本シリーズではその経験が生かせないことになったのは気の毒であった。

88年の中日は落合が四番を打ったが、日本シリーズは未経験で、長打がまったく打てず、流れを自分のほうに持ってこられなかったのも敗北の遠因になっている。

初戦の工藤、第3戦の永井、第4戦の星野に完封負けを喫した中日は、第5戦には初戦に先発した野口を無理して登板させた。ツキがきていたダイエーは、佐久本昌広《さくもとまさひろ》を余裕の先発として送り出した。

結局、三回の6点の大量失点で敗れてしまうのだが、それは中3日での登板のツケ。やることなすこと、すべてが狂い始めていたのだけは確かだった。そのため、流れを自分のほうに引き戻すことはできなかったのだ。88年の西武との戦いに続いてまたもや1勝4敗で、星野は〝短期決戦に弱い男〟のレッテルを貼られることになってしまった。

第3章

「弱」を「強」に変える方法!

――星野仙一の突破力［2002年・阪神監督就任］

阪神監督への就任会見で、阪神の久万俊二郎オーナー（左）、
野崎勝義球団社長（右）と握手する星野新監督
（2001年12月18日、大阪市内のホテル）

阪神タイガースを低迷させた〝特有の事情〟

02年、阪神の久万俊二郎《くましゅんじろう》オーナーは当時81歳。自分の任期が残っているうちにもう一度優勝したいと望んでいた。

親会社の阪神電気鉄道の主な役職を辞したあとも球団オーナーの地位にこだわったのは、なんとしても85年以来の優勝を手にしたいという執念を持っていたからである。

85年当時から球団オーナーを務めている久万は、もう一度だけ優勝を見届けてから後進に道を譲りたいという思いが強かった。

80年代に入ってからの阪神は、野田忠二郎《のだちゅうじろう》からバトンを受けた田中隆造《たなかりゅうぞう》が2年間オーナーをやり、83年は久万が1年だけオーナーの座に就き、再び田中がオーナーを務め、85年から久万がオーナーになるという状況で、本社内の権力争いが骨肉の争いに転じていた。

同時に、本社内の権力争いは、オーナー職だけでなく、そのまま球団の人事に大きく影響していた。本社首脳それぞれの人脈につながっている球団首脳が、その場限りの自分たちに都合のよい人事をつくりあげていた。

70年代の阪神は、いつもお家騒動に揺れ動いていた。60年代、〝伊予《いよ》ダヌキ〟といわれた名将・藤本定義《ふじもとさだよし》のもとで62年、64年の優勝を果たした阪神は、西鉄からやってきた三原脩率いる大洋、その三原の永遠のライバルといわれた水原茂のあとを受け継いだ川上哲治が指揮を執る巨人と激しくぶつかり、つねに優勝争いを演じるチーム力を誇っていた。

当時の主力には村山実、吉田義男らがいたが、着々と戦力を整備してきた巨人には、その後、なかなか勝てなくなっていった。

藤本の退任後、村山が采配を振るうが、現役兼任ではあまりにも荷が重く、采配を金田《かねだ》正泰《まさやす》に譲ったのが72年シーズンの9試合目からであった。

吉田が監督に就任する75年までの3年間に、あと一歩で優勝という年があった。73年である。

先述のように、阪神は残り2試合で1勝すれば優勝という場面で、名古屋で中日戦を戦っていた。阪神の主砲にはもちろん田淵幸一がいた。投手にはこの年、中日戦でノーヒットノーランを達成した江夏豊（24勝）と上田二朗（22勝）の二枚看板があった。

翌日の最終戦は甲子園での巨人戦。この中日戦には中2日で江夏を起用するのか、中日に強い上田でいくのか、金田監督の判断はエースの江夏で一気に優勝を決めにいこうというものであった。

結果は先述のとおり中日に敗れ、最終戦の巨人戦で巨人に0対9と大敗して優勝を逃がしている。

「田淵を優勝させたい」……打ち破られた星野の願い

この時代から阪神フロントの中には、優勝しなくても、適当に優勝争いをしてお客さんが入ればいい、下手《へた》に優勝でもすれば選手の年俸を上げなければいけないからという悲しい風潮が出ていた。

阪神電鉄は関西の大手私鉄の中では最短の営業キロ数である40・1キロしか持たなかった（現在は48・9キロ）。これ以上発展する余地を持たない経営内容で営業利益を出すためには、自前の球場を使っている球団への依存度が異常に高かった。「適当にお客さんが入れば、優勝しなくても」という考えが、苦しい台所の中で頭をもたげてきても不思議ではない。

73年の〝運命の中日戦〟で「田淵よ、打ってくれ」との思いで投げ、なんとか阪神に優勝させたいと思った男が、31年後に阪神のユニホームを着て監督になったのは何かの因縁だろうか。阪神はその間に、75年に江夏を、78年には田淵をトレードで放出した。掛布《かけふ》雅之《まさゆき》（現SEA＝オーナー付シニア・エグゼクティブ・アドバイザー）という新しいスターが育ってきたので、うるさ型の古兵がいらなくなったというご都合主義の非情な一面は、明快な企業論理に基づくものであった。

その間、主力は監督と衝突を繰り返し、フロントは本社の派閥争いの中で自分の身の置き方だけを考えていた。77年以来4年間のBクラス。阪神は15年間に9人の監督が代わるという異常事態に巻き込まれている。

しかし、そんな阪神に奇跡が起きる。吉田が再び采配を振るうことになった85年、阪神は64年以来、じつに21年ぶりに優勝したのである。

田淵とのトレードでやってきた真弓明信《まゆみあきのぶ》がトップを打ち、ランディ・バース、掛布、岡《おか》田彰布《だあきのぶ》のクリーンナップは往年の猛虎打線復活とファンを熱狂させ、1チームに30本塁打以上が4人もいるという史上最強の打線を形成して、打力で優勝している。

吉田監督復帰と同時に新オーナーに就任した久万オーナーは、その美酒に酔った。その美酒をもう一度、というのがオーナーの念願であった。

どんな組織でも見られる〝生え抜き〟の弱点とは？

ところが、90年代に入ると、中村勝広《なかむらかつひろ》が指揮した92年に一度だけヤクルトと優勝を争う形での2位になったが、それ以後、9年連続のBクラスに低迷して顧客動員にもかげりが見えてきた。

久万オーナーはなんとしても勝ちたい。その思いは監督起用にも表れている。

85年に優勝した吉田が翌年から再び低迷すると、吉田と並んで阪神を支えてきた村山を再登板させている。

その村山も低迷すると、一気に若返りを策して中村に6年間の長期政権を委ねたのは、いずれも性急に結論を求めすぎたという反省に立ったものであった。それと同時に本社の主導権が確立してきたことも意味している。

そして、中村とともに生え抜きであり、ライバルだった藤田平《ふじたたいら》をそのあとに起用したのも、なんとか阪神OBの手で優勝を、という久万オーナーの願いだった。

そんな中で、低迷するチームにメスを入れるべく、オーナーお気に入りの吉田を3度目の采配に起用したのは、阪神OBとしての切り札であった。

しかし、阪神は浮上に失敗する。万策尽きた感のある久万オーナーは、かつての日本一の名捕手であり、戦後初の三冠王として関西で絶大な人気を誇っていた野村克也の起用を試みた。

関西財界は、ヤクルトをあれだけの強力チームに導いた関西出身の野村の就任に大いに沸き、野村フィーバーが起きてファンの関心もウナギ登りに高まった。何より「この人ならば阪神を勝たせてくれる」という期待に震える思いをしていたのは久万オーナー自身であった。オーナーみずからが「監督のおっしゃる通りのチームづくりをして改革をお願いしたい」と三顧の礼をもって阪神に迎えている。

ヤクルト監督時代は、田を耕し、種をまき、3年目で収穫するというやり方でチームを強くした野村であったが、阪神では就任以来、3年連続の最下位に低迷した。

それでも久万オーナーには野村更迭の意思はなかった。阪神ＯＢに野村に代わる人材がいないこともあったが、若手が育って確実に阪神の野球が変わり始めていることが、企業家としての目でわかっていたためである。

「私がいいと言っても、世間が納得できないこともある。その場合、縁がなかったということにしたい」と言って最後通告をしたのは、野球とはまったく関係のない沙知代《さちよ》夫人の脱税容疑による逮捕であった。

2リーグ分裂以来、阪神で一人の監督が5年以上指揮を執ったのは、中村の5年半、松木謙治郎《まつきけんじろう》の5年と、2人だけである。それほどコロコロとトップの首のすげ替えだけをやることでお茶を濁していた阪神にとってみれば、野村は長期展望に立っての人選であったはずだった。しかし、野村に託した久万オーナーの夢は沙知代夫人の不祥事によって頓挫している。

そのあとに誕生したのが星野仙一監督である。阪神の監督人事は、ある意味では久万オーナーの夢の深追いであった。そして、星野獲得にあたっても「この人をおいてほかに考えられる人材はいない」と言って、みずから乗り出していった。

安芸キャンプを訪問した時には、星野について、

「彼の起用は間違いではなかった。たしかにチームは変わってきた」

と満足そうに語るのであった。

電光石火の「阪神・星野監督誕生」を決定づけたもの

星野の監督就任劇を振り返れば、98年オフの野村の監督就任の経緯に非常によく似ている。

ヤクルト監督時代、優勝4回、3度の日本一を果たした名監督でありながら、最後の年(98年)の夏場ごろから球団の私物化に走り始めていたという理由で、野村に対してヤクルト球団の一部に再契約を棚上げしようとする動きが出始めていた。

阪神の久万オーナーに直通ホットラインを持っていたサンケイスポーツの担当デスクがそれをかぎつけて、ただちに野村を阪神監督に推薦したのであった。〝老いの一徹〟という言葉通り、阪神本社の会長を定年で辞しながらオーナーの地位にだけはしがみついて離れない久万オーナーは、「任期中にぜひ日本一になってみたい」という悲願から野村を迎えたといういきさつがあった。

ところが、先に述べたように、3年連続最下位と低迷。カネばかりかかって結果が伴わ

ないために、フロントは野村の解任を画策していた。しかし、02年も続投が決定した。すべて久万オーナーの一存であった。その矢先に沙知代夫人が脱税容疑で逮捕され、野村を解任せざるをえない状況に追い込まれた。

野村の場合も、「自分はこれだけやった」という自負があった。ヤクルトも９年間で４度のリーグ優勝、３度の日本一になった実績に対し、退団にあたっては５０００万円にものぼる慰労金を支払っていた。

そんな野村が、その年の暮れに「道義に反するのでは」という世間一般の疑問の声を押し切って破格の待遇で阪神に移ったのは、久万オーナーの〝野村〟という全国的に有名な監督を連れてくることで生まれるチーム活性化への期待が、あまりにも強く込められていたからだ。

そして、そこで浮上したのが、野村の監督誕生と同じように、中日監督を夏ぐらいから01年限りで辞任するといわれていた星野の招聘案であった。野村就任の時と同じ手法で、星野に荒廃したチームの再建を託したのであった。

星野自身は好むと好まざるとにかかわらずユニホームを脱ぐことになっていた。退団後は早い段階でＮＨＫの解説者復帰が決まる一方で、中日球団の親会社の中日新聞の解説者の道をきっぱり断っている。もともと評論家を務めていた日刊スポーツと専属契約の話が持ち上がっていたが、球団が用意した道をあえて断ったあたりに、星野の中日に対する思いが伝わってくる。

阪神の監督要請を受諾する時にNHKの解説者を断るにあたっては、NHK会長の海老《えび》沢勝二《さわかつじ》（当時）に、久万オーナーが直接了解を求めることを条件にしている。当時はNHK会長といえば総理大臣以上の実力者といわれた時代。そのお墨付きを得ている人に対しては、阪神も無下《むげ》に扱えないという状況をつくっていったのだ。

久万オーナーも野村の3年間の野球そのものについては否定しなかった。多大な野村効果を認めてはいた。ただ、性格的に暗い部分だけを危惧していたのだ。

それだけに、野村と違ってはっきりものを言う明るさを持つ星野に興味を示したのも当然のことである。短絡的な発想であるが、久万オーナーは「もう一度、タイガースに光を」との思いから、信頼するサンケイスポーツの担当デスクのアドバイスに乗ったのだ。

関西の大手私鉄のオーナーとして君臨していながら、その路線規模の小ささから民営鉄道協会に出席する時の〝顔〟のなさをつねに不満に思っていた久万オーナーが、全国的な知名度のある〝顔〟にあこがれたとしても不思議はない。

〝明るい〟〝戦う姿を前面に出す〟〝関東への強いライバル意識がある〟という星野の3点の武器を強調された時、久万オーナーが思わずグラリときてしまったのは責められまい。

それまで名前が挙がっていた仰木彬、上田利治《うえだとしはる》など、関西地区でそれなりの実績がある人間をさしおいての就任は、関西レベルで考えたフロントと、全国レベルの会合に出席する機会が多いオーナーとの根本的な発想の違いであった。

したがって、マスコミで伝えられているように、星野監督誕生を鶴の一声で決めたのが久万オーナーだったことは間違いない。

反発の声を封じ込めた巧妙なマスコミ対策

阪神の入団要請を受けて星野がまず考えたのは、「野村はある意味で、マスコミに殺された」ということであった。そのためにも、どううまく全方位外交を展開して障害をつぶしていくかが、星野体制の今後を占うカギとなっていた。

出身母体の日刊スポーツは別格。星野政権成立に尽力したサンケイスポーツは味方になる。当時の岡田二軍監督と仲よくやっている形さえ取っていれば、阪神べったりのデイリースポーツは大丈夫。巨人系のスポーツ報知は必ず敵になるので距離を置くとしても十分に仲よくやれる。あとは野村追い落としの急先鋒《きゅうせんぽう》ながら、関西で一番の発行部数を誇るスポーツニッポンを自陣に引き入れることで、全体がうまくまとまっていく。

そのために、スポーツニッポンの評論家を務めていた田淵を一枚噛《か》ませることによって、バランスよくスポーツ紙全体を味方につけることができると考えたのである。

こうしたマスコミ対策と同時に、就任が決まった直後のスポーツ各紙への挨拶回りも欠かさなかった。そこまでして全面的に協力を要請したのも、〝野村とは違う〟という姿勢を鮮明にしたかったからである。

星野はキャンプに入ってから、毎朝、各社の担当記者1名との食事会を実施したり、担当記者の野球大会に差し入れをしたりしている。これは中日時代から行っていたもので、情報交換をしながらの会話による接触で、チーム内外の情報を効率よく集める場となっていた。

同時に、一緒に食事をすることで批判記事を書きにくくなってくるという点で、ある種の報道管制にもつながっている。そのへんの事情を十分に考慮に入れているあたりにも、星野のマスコミ操作の巧みさが表れている。

「マスコミは我々にとって重要な戦力」と明言する一方で、彼らを操作することも怠らない。そのあたりからも、表向き野村野球の伝承を標榜《ひょうぼう》しながら、マスコミ対策では明らかに失敗した野村を反面教師として十分に生かそうという星野監督の姿勢が見て取れた。

星野がつぶさに観察していた〝野村の誤算〟

大阪のマスコミの恐ろしさは、経験した者でないとわからないといわれる。いい時はほめちぎるだけほめておいて、悪くなればコロリと手のひらを返して逆方向に走るのは、いわば常識。スポーツ紙５紙に加えて、大阪では東京以上に激戦を繰り広げている夕刊紙の存在がある。このマスコミ対策を誤ると、間違いなく袋叩きにあうことになる。

星野は野村の失敗をつぶさに観察していた。

野村は自分の出身母体であるサンケイスポーツの記者を懐刀に、阪神が負けても好意的な記事しか書かないデイリースポーツ、中立が基本の日刊スポーツ、巨人の機関紙のスポーツ報知の順で位置づける一方で、77年の南海監督解任の裏で動いたとされるスポーツニッポンに対してはどうしても許しがたいものがあり、最後まで心を開くことはなかった。

案の定、真っ先に野村批判の火の手を上げたのは、最も敵視していたスポーツニッポンであった。その批判的な記事が出るやいなや、野村はただちに取材拒否の暴挙に出た。さらにスポーツニッポンだけでなく、しだいにマスコミ全体に対して取材拒否を展開してしゃべらなくなったため、全面戦争に発展した。

最後に采配を振るった01年には、野村が追いすがるマスコミに対して、「それでもお前たちは人間か」とまで吐き捨てるほどの激しい野村叩きであった。

結局、野村はマスコミの援軍を受けることができずに孤立。任期満了という形を取りながら、3年で阪神での監督生命を終えた。06年に楽天監督として球界に復帰するまで4年の月日を要したのだ。

リーダーとして組織をまとめる時、前任者のこき下ろしが一番手っ取り早い。星野の後任として中日の監督になった山田久志、38年ぶりに横浜を日本一にした権藤博の後任の森祇晶、そして野村も前任者を公然と批判していた。

だが、星野はどう水を向けられても、野村のやり方についていっさい口を開こうとしなかった。それどころか、「いまの阪神があるのは、野村さんがここまで野球を教えてきてくれたから」と感謝するようなコメントまで口にしている。

「前の監督のことを否定しようとか、かき消していたらダメ。いいものはたくさんあるんやから、それは残さなあかん。あとは、そこに自分の考えをつけ足すだけでいい。自分が何もしなくても、世間の風というものが勝手に粛清してくれる。そこを上塗りして追及する必要はない」とも言っている。

前任者の良い部分も悪い部分も、選手はもちろん、ファンも関係者もよく知っている。それをあえてマスコミに指摘せずに、選手やファンに判断させ、自覚させることで体質の改善を図っていったのかもしれない。

外様監督に必要な〝名参謀〟の存在

星野の阪神監督1年目には、コーチ陣は打撃チーフの田淵幸一、ヘッドの島野育夫の2人しか呼んでいない。星野自身が契約をしたのが12月中旬だから、ほとんどのコーチが契約をしたあとであった。自分の色を出そうにも時期が遅くなりすぎていた。

投手コーチの佐藤義則《さとうよしのり》は岡田のオリックス人脈の絡みで入団が決まっていた。そのほか、木戸克彦《きどかつひこ》がバッテリー担当、投手担当は佐藤と葛西稔《かさいみのる》、打撃担当は田淵に和田豊《わだゆたか》が入り、外国人担当でトマス・オマリーが入っていた。守備走塁担当は吉竹春樹《よしたけはるき》と松山秀明《まつやまひであき》が入っている。

監督就任の条件に田淵を入れた星野は、中日の二軍監督を受諾していた島野に目をつけていた。彼の存在なくして星野野球が実行されるかどうかは疑問だった。そのために、まだ契約書にサインをしていないのをいいことに強引に引き抜いたのである。これで中日との仲たがいは決定的になってしまった。

星野によって監督の座を与えられた山田だったが、裸同然となり、「許せない」と激怒した。だが、契約は終わっていなかったし、二軍監督でも条件はダウンという提示だったために、島野は契約について考えていたのだった。島野には星野の妻・扶沙子さんとの約束もあった。

扶沙子さんは白血病のために、98年のキャンプを目前に他界している。この時、中日は2月1日からのキャンプを異例にも1週間遅らせている。妻の症状がよくないため、それをしっかり見届けてからのキャンプインにしたいという星野の考えをフロントは呑《の》んでいた。当時、コーチたちは「星野一家」と呼ばれるほどの強い結束があった。そのため、星野の奥さんのために出発を遅らせても当たり前と受け止めていた。

扶沙子さんは「もう一度、パパの胴上げを見たい」というのが口癖だった。病室に見舞った島野に対して、扶沙子さんは「ウチの人がもう一度、男として日本一になるために協力をお願いします」と深々とベッドから頭を下げたというのだ。

島野は男の約束を守る形で、参謀として星野のもとに馳《は》せ参じたのである。その島野も07年12月に胃がんで他界。それを手厚く送り出したのは、阪神オーナー付シニアディレクター(SD)としての星野であった。男の友情は生きていたのだ。

ところで、星野は03年8月に入り、チームが高校野球開催中の死のロードに出た時の最初の移動日に、明大時代の野球部の同級生たちと会っている。この時に、「いまこそ島岡(吉郎)の親父の人間力の教育が必要だ」ということで一致したというのである。

島岡監督は、「おまえらがこれだけやれるのは、後ろで支えている人がいるからよ。自分一人の力と思うな」というのが口癖だったが、島岡自身がそれをそのまま実践している部分があった。そういう人間教育を受けてきている星野は、中日時代から裏方を大切にすることでも有名な監督であった。

「星野はカネの使い方を知っている」とよくいわれたものである。優勝した時など、裏方の奥さんに時計や漆器などをプレゼントしていた。星野の知り合いの人脈からそれを買っているために、いろいろな噂が出ることもあるが、どこを使おうと本人の勝手である。自分が世話になった後援会のメンバーから買って双方の顔を立てるのは、星野にとっては当たり前。そういうことができるのも星野の目利きだし、それによって交友関係も増えていって当然だろう。それが自然発生的に後援会になって、星野を大きくバックアップしていたのだ。

そんな星野のもとで参謀として仕えてきた島野にしてみれば、声がかかれば何がなんでも飛んでいく所存だった。

星野一家で育ったあるコーチは、「1年たって体制ができたら必ず呼ぶから、外で勉強をしておけ」と言われたという。つまり、星野も島岡の教えを守り、自分の部下の世話をするところから行動を起こしている。

13年間の監督生活を支えた島野育夫の存在

だが、おさまらないのは中日である。星野が島野を引き抜いたことになっている。引き抜いたのには違いはないが、契約で難色を示している間にトンビに油揚げをさらわれる形で島野をさらわれたのだ。プロの世界では契約が優先。大騒ぎしてもあとの祭りである。

また、中日内部には星野の勇退によって星野色一掃の動きがあったことも事実で、島野にすれば居心地のいい星野の下で、一緒に喜びを分かち合いたいと思っても当然であった。

思えば、同じ島野の名でも、ドラフトの時に島野（巨人1位指名の島野修＝武相高校）で泣いた星野が、35年後の新天地で違う島野に助けられるのも何かの因縁である。

島野は中日で星野のもとでヘッドコーチをやるまでは、中日に入団、星野と入れ違いで南海にトレード、その後、阪神に移ったのちにコーチとしての実績をあげている。南海時代にはドン・ブレイザーの近代野球を学んだ勉強家で、その気性の激しさでは有名だった。阪神のコーチ時代には審判の判定に激怒して柴田《しばた》猛《たけし》コーチとともに殴打事件を起こし、1カ月の出場停止を食らったこともある。

星野が師事した川上哲治には牧野茂という名参謀がついていた。巨人だけで骨を埋めた川上だが、「どこに行くにも牧野だけは手放したくなかった」と言っていた。川上は自分のあとを受けた長嶋茂雄体制が崩壊すると、愛弟子《まなでし》の藤田元司を監督に推薦。自分の意を受けて川上野球を継承できる牧野をヘッド格で入団させることをすすめたのであった。

星野の意を受けて中日の監督を引き受けることになった山田が、すんなり島野をヘッド格に置けば違う展開になっていたかもしれない。そうなれば、星野が中日と決別し、一念発起して関西に下る決意ができたかどうか。自分がつくりあげたと自負する中日王国にいつまでも影響力を持っていたいというのが川上から学んだ星野の本音だったが、次々と星野人脈がハシゴを外されるのを見た時に、「なにくそ」という負けじ魂が頭を持ち上げてきたのではなかったのだろうか。それほど新天地に赴くにあたっての体制づくりの中で島野の存在は重要だった。

星野は歴代10位となる監督１１８１勝をあげている。その時にポツリと、「オレよりも3勝多くあげているのが島やんとちがうか。アイツ、オレが出場停止の時に3試合、代わりに指揮を執ったからな」と記者の前で言った。「オレと島野は一心同体だから、島野を大切にしろよ」と言いたかったのかもしれない。

島野は星野の日本一を見届けることなくこの世を去った。楽天で星野の参謀を務めることはかなわなくなった。だが、楽天での星野の采配の陰には、島野の影がぴったりと寄り添っていたことだろう。

なぜ、岡田二軍監督に白羽の矢を立てたのか？

田淵が〝大政《おおまさ》〟なら、島野は〝小政《こまさ》〟。清水次郎長《しみずじろちょう》に両輪があったように、1年目から2人はよく機能している。そして2年目の03年、星野は思い切った人事を発令している。星野の言うことに口を挟む者は、このころには誰もいなくなっていた。

1年目に三塁コーチを任されていたのは、チーム生え抜きで、西武に移って何度も日本一に輝いていた吉竹。一塁コーチはPL学園当時、清原和博と同級生であった松山が務めていた。松山はオリックス時代から仰木のもとで守備コーチをやっており、サイン読みの名人といわれていたのである。阪神では野村のあとに仰木が就任するといわれていたこともあった。その布石として阪神入りしたともいわれるコーチであった。

松山にとってPL学園の後輩である今岡誠《いまおかまこと》（現真訪《まこと》、ロッテ二軍監督）を一本立ちさせるのが急務である一方で、チームリーダーに成長した今岡が働きやすいようにするためには、その存在が中途半端になっていたことも確かだった。

現役時代にそれほどの実績がない松山にとってみれば、それまで星野との接点がなかったうえ、チーム生え抜きではないための交友関係の乏しさもあり、損な役回りをするしかなかった。とくにジョージ・アリアスを含めて、藤本敦士《ふじもとあつし》、今岡の守りのミスが目立った1年目に星野の憤りを買っていた。

一方の吉竹も、何度かのサイン伝達のミスや三塁コーチャーの本塁突入の指示ミスで星野の逆鱗《げきりん》に触れ、島野ヘッドコーチが三塁のコーチャーズボックスに立ったことも何度かあった。コーチ会議で叱責《しっせき》されるたびに萎縮してしまった吉竹は、1年目のシーズン終了とともに二軍に降格となっている（星野の退任後に一軍に復帰）。

そこで、星野が一軍に昇格させたのが岡田二軍監督であった。メジャー・リーグの場合、三塁コーチは次の監督の座につくといわれるほど重要なポストである。それを任されたのが岡田であった。岡田は二軍をウエスタン・リーグ優勝に何度も導いている。だが、星野はそれでは納得していなかった。下からの戦力が育っていないことに加え、〝戦うコーチ〟としての役割をキチンとやらせることで、長期展望に立って次期監督へのステップにさせようと考えたのだ。

「星野、岡田に頭を下げて要請」の舞台裏

星野は次期監督には、自分が呼んで道化《どうけ》の役割をさせていた田淵にしたいという意向をつねに持っていたが、世間一般では、そのあとには生え抜きの岡田がなることがベストといわれていた。星野自身も単身で関西に乗り込んできているうえに、いつの日にか生え抜きに大政奉還をすることで責任を果たし、自分の器の大きさを見せることがベストだと考

えていた。それは久万オーナーの意向でもあった。

前任の野村は自分の地位を脅かす岡田の存在を徹底して無視している。一・二軍の交流を図る前に、二軍から選手が育ってこないと厳しく責めていた。自分の子飼いの人間を二軍に据えたがっていたといわれるほどであった。

だが、星野は違う。岡田は1年目から、キャンプ中にも休日前後には一軍の島野のもとに報告に訪れ、休日のゴルフにも参加することが多かった。つまり、それまではバラバラだった一・二軍のコミュニケーションがしっかり取れるようにしたのだった。

岡田は野村が辞任し、次期監督が自分ではなく星野に決まった時には辞意を漏らしている。オーナーの久万から次期監督としてのお墨付きをもらっている岡田にしてみれば、内心は面白くなかったはずである。それを翻意させたのは星野の一言ではなかったか。

星野は内諾を決めた名古屋のホテルで上坂《かみさか》太《た》一郎《いちろう》内野手の結婚式に来ていた岡田に声をかけ、祝宴を中座して一時間以上の話し合いを持っている。そこで、

「オレは阪神の連中をよう知らん。一番よく知っているおまえが選手について教えてくれんか。協力を頼む」

と頭を下げたのだ。星野はこの話をマスコミに披露する。マスコミは「星野、岡田に頭を下げて要請」と書く。岡田のプライドをくすぐるには十分であった。そこまで言われる

ならやらせてもらいますと受諾している。ポジションは、すでに決まっていた二軍監督であった。

そして、2年目の改革では二軍で岡田のもとにいた無名のコーチを斬り、そのうえで吉竹、松山の受け皿をつくって一・二軍のコーチ陣の入れ替えを行った。二軍監督には達川《たつかわ》光男《みつお》バッテリーコーチの就任で働き場を失った木戸克彦が入り、岡田は一軍の守備走塁コーチとしてその役目を果たすことになった。

〝次期監督〟の岡田をヘッドコーチに据えなかった真意

この就任要請は、岡田にとって針のムシロではなかったろうか。要請を断ることはユニホームを脱ぐことを意味していた。星野が優勝を目指そうと言っているのに協力をしないというのもおかしな話である。周囲からは弱虫に映るかもしれない。野球観に違いが見られる星野と岡田だが、ここはあとに引くわけにはいかなかったのだ。

そういう背景は、当然のように星野は見越していた。岡田を擁立することで星野の人間的な器の大きさを岡田に見せつける一方で、失敗した時には岡田の技量に疑問が投げかけられることになる。成功すれば次期監督を育てる器の大きさが評価され、失敗すれば監督の思いやりに応えられなかった部下の技量が疑われ、次期監督の座も危うくなってしまうのである。

岡田は、ナンバー2への接し方としては、一番好都合な座を与えられたのだ。それも監督に次ぐヘッド役としてのナンバー2ではなく、順序でいえば島野、田淵に次ぐナンバー4の位置の、一介のコーチであった。

岡田には意地がある。表に出る出ないはともかく、星野の意図がわからない岡田ではない。加えて、生え抜きの二軍から上がってきた選手との会話ならば、コーチの中では誰にも負けない自信があった。星野も若手との会話や育成を、自分では手を出さないで部下の岡田に任せてみようと思ったのかもしれない。

その結果、岡田は秋季キャンプからベテランともよく話し、若手の兄貴的な存在になっていった。当時の阪神は、近鉄のスラッガーだった中村紀洋《なかむらのりひろ》獲得の動きに、同じ三塁を守る片岡篤史《かたおかあつし》（現ヘッド兼打撃コーチ）が岡田に対して真剣に「本当に中村を獲るのですか」と聞いたというのもそうならば、藤本が「レギュラーになれるのなら、もう一度鍛えてください」と名乗り出たのも事実であった。そして、赤星憲広《あかほしのりひろ》らにキャンプ中、休日なしで練習につきあったのも岡田であった。

星野は選手との年齢差を思ってか、あまり自分からは話しかけていかない。だが、年齢的に若い岡田は、選手と直接行動をともにすることで、選手の気持ちを理解しやすい立場になっていた。結果の良し悪しに関係なく、星野の意図が確実に伝わっていったことは間違いない。コーチの中でのまとめ役を田淵がやるなら、岡田は選手の聞き役に徹していたことで風通しもよくなったのだ。

田淵の阪神復帰を強く推した深謀遠慮

明大野球部当時から、島岡監督に「年長者を尊《とうと》べ」という徹底した教育を受けていた星野にとって、目上の人に頭を下げることなど何の苦もない。

星野のＯＢ対策は、野村時代の3年の長きにわたって寂しい思いをしていたＯＢに対して門戸を開くことからスタートしている。

ＯＢとしてキャンプ地や球場に来た時、「あなたたちのタイガースですから、どうぞご自由にやってください」と言われれば悪い気がするわけはない。むしろ、「星野監督というのは、聞いていたよりもずっとスケールが大きい男だぞ」という気になる。

02年の安芸のキャンプに来たＯＢの数が例年の倍以上になったのは、それだけ居心地がよかったからだろう。

野村監督時代には近づきもしなかった掛布や田尾安志がいち早くグラウンドにやってきたり、一番憎まれ口を叩きそうな川藤幸三《かわとうこうぞう》（現ＯＢ会会長）がすっかり応援団長をやってしまったりする姿を見ると、ちょっとした気づかいで、本質的に阪神が好きなOBたちは、みんなで応援しようという雰囲気になってしまうということがわかる。

さらに、キャンプ前にこなした主要なOBとの会談には必ず田淵を連れて行って、各OBへの橋渡し役を頼んでいる。

星野の狙い通り、田淵の明るいキャラクターはOB会でも好意的に受け入れられた。そんな田淵を交えることで、大いに会話が弾むことを十分に計算に入れていたのではないだろうか。

阪神の監督を引き受けるにあたって、田淵のチーフ打撃コーチとしての手腕よりも、大物OBとしての存在感に期待した作戦はズバリ的中した。

自分がOB会との緩衝剤としての機能を忠実に果たせば果たすほど、星野の人間的な大きさを自然と浮かび上がらせる役割を、田淵自身が意図してやっているとは思えない。だが、結果的に、田淵は見事にOB会と星野とを仲介して味方に取り込んでいる。

そして、阪神OBに対する星野のダメ押しのパフォーマンスが、キャンプ最初の休日のOB会のゴルフ大会であった。

長嶋茂雄でも王貞治でもやったことがないキャンプ地でのOB会とのゴルフコンペを、星野が主催したのである。

ＯＢにすれば、01年までは野村に気兼ねしながら細々とやっていた大会を、今度は堂々とやれる。しかも、星野は田宮謙次郎《たみやけんじろう》前ＯＢ会会長、安藤統夫《あんどうもとお》現ＯＢ会会長（ともに当時）と一緒にコースを回ったのだ。

そんな和気あいあいとした写真が大きくマスコミに掲載されることで、ファンの誰もが、星野はＯＢ会と一体となってチームを強くしようという意思があるという頼もしいイメージをふくらませる。

そのあたりの巧妙なパフォーマンスが星野シンパの輪を広げている。新旧ＯＢ会会長とにこやかにラウンドしている姿を見せられ、グラウンドでは手厚くもてなされ、門戸を大きく開放されることにより、ＯＢ会との風通しは一気によくなってきた。

「マスコミもＯＢ会も、戦力の一つとして味方につけて戦っていきたい」と考えていた星野阪神の船出は、まずは第一段階から順調なすべり出しを見せた。

星野は無視され続けてきた寂しきＯＢたちに温かい手を差し伸べることで、彼らをすっかり自分の手の内に入れてしまったのである。

煙たい存在になりがちなＯＢを、どう味方に変えたか？

口を挟みたい、口を出して影響力を示したいというのは、そのチームにかかわったＯＢ

なら誰でも思うことである。チームに対する愛着がそれだけ深いといえるだろう。

ところが、生え抜きでない人物をよそから連れてきて監督に据えると、ついついOBをないがしろにしてしまうことが多い。それは08年に梨田昌孝《なしだまさたか》（現楽天監督）を迎えた日本ハムにも見られた。

圧力団体にもなりかねないOBは、たしかに目ざわりな存在である。ないがしろにすれば反発して足を引っ張る側に回る。いったん容認してしまうとズカズカと土足で入ってくる。よそ者の監督にとっては、その線引きが非常に難しいところである。

先輩面《づら》してあれこれ言われることを黙って聞かなければならないのは、「自分が現場の最高責任者」と思っている人間にとってはたまらないことだ。

だからといって、接触を避けていれば、OBたちは立場がない。「オレたちをないがしろにするのか」と批判を始めてくる。

そんなことは十分にわかっていなければならないはずの野村は、最初に形だけでも「よろしく」と頭を下げればすんだはずなのに、人に頭を下げることができない性格だったからなのか、それをやらなかった。そのために当時の田宮OB会会長の批判的な舌鋒《ぜっぽう》を一身に浴びるという悲劇に見舞われることになったのだ。

さらに、甲子園のOBルームの閉鎖問題があった。

OBルームは伝統あるタテジマのユニホームを守《も》り立ててきたOBたちを厚遇するために用意されたものだった。せっかくOBを大事にしようという目に見えるシステムがあったにもかかわらず、野村がOBルームを資料室に改装してしまった。OBにしてみれば、よそ者に乗っ取られたという思いが増していったのである。

それればかりか、グラウンドで話しかけようものなら、「フン」という感じで横を向かれては、何も気を使ってまで近づいていく必要はないと思ってしまう。

野球理論では球界に右に出る者がいないほどの卓越したものを持つ野村であったが、バックアップを頼むべきOBたちの心は離れていった。ファンには見えないところで進んだOBとの葛藤が、野村辞任の悲劇の遠因となったといってもいいだろう。

「人の上に立つ者としては、周囲を敵にして戦うよりも、味方につけたほうが何十分の一もエネルギーが少なくてすむ。省エネ時代だからこそ、反発していくよりも生かしたほうがいいのではないかと思う」

星野はOBたちやマスコミをどう扱うかについて、常々こう語っている。

生え抜きだったためワンマンが許された中日時代ならいざ知らず、裸同然で阪神に来たからには、まずは味方にできる者はすべて味方にしようと考えたのだ。

初仕事には「この1年間をこいつに懸ける」人物を起用する

02年、阪神監督就任1年目の星野が開幕投手に指名したのは、井川慶《いがわけい》である。前年9勝をあげている若きエース。これからエースとして育ってほしい男を指名しているのだ。

監督というのは、投手出身の監督と野手出身の監督では考え方も違ってくる。野手出身の監督は開幕投手を140試合のうちの1試合としてとらえることが多い。相手との相性や因果関係で選ぶ場合が意外にある。たとえば、ソフトバンクの監督だった王は、ダイエー時代に前年1勝しかあげていない西村龍次《にしむらたつじ》を2年続けて起用したことがあった。ヤクルト、ダイエーを含めて、西村が開幕投手を務めた年はいつも優勝しているからだ。

星野の前任者の野村は、開幕投手については「開幕は儀式だから、誰もが納得した形の人間を選ぶべき」と言っていた。その延長線上にあるのは、投手出身の監督の「開幕投手は名誉」ということではなかったか。同じぐらいの実力の投手が3人いた98年の横浜で、新監督だった権藤博が3人を呼んでコインを投げて決めさせている例外はあったが、開幕投手の経験を持つ山田、東尾修などはそんなに軽く見ていない。「この一年間、チームがこいつに懸けるという意思表示」ということで決めているのだ。

星野の選び方も似たようなものである。井川に懸けての指名だった。その指名の時期も早かった。投手の性格を考えて1週間前にする監督や、前々日まで何も言わない指揮官もいるが、星野は明快だった。

「井川はのほほんとしていて、そんなにプレッシャーがかからないタイプだからと思って、早い時期に言ったよ」

と説明していたが、実際は公言することによって井川に開幕投手の責任を果たしてほしかったのだ。「こいつに懸けたのだから、1試合、こいつにゲタを預けたる」という強い思いが星野の腹を据わらせた。

男の勝負は「肝っ玉の据わり方しだい」といった言葉があるが、星野はそれを実行した。

エース井川慶を一本立ちさせた〝肝っ玉〟采配

開幕は巨人戦。先発の上原浩治《うえはらこうじ》は4年目を迎えたエースである。オープン戦は4試合に登板、0・64というすばらしい防御率で仕上げてきている。一方の井川は防御率こそ2・40だが、3試合に投げて3勝するための勝つピッチングを心がけていた。

2人の投げ合いは、二回の桧山進次郎《ひやましんじろう》の本塁打で阪神があっさり先行している。四回には四番・アリアスの2点本塁打で点差を広げた。だが、上原は五回を三者凡退で終わらせた段階でガラリと立ち直ってくる。そんな動きは投手出身の星野には痛いほどわかる。内心、緊張感のある試合が続くと思い始めていたのだ。巨人も四回に清原和博の一発で追い上げを見せている。

星野は本塁打を打たれることには以前からあまりこだわっていない。だが、打たれ方については大いにこだわる。四球を出しての本塁打を一番嫌う。不注意に投げての本塁打は反省の余地があるが、四球のあとの一発だけは投手人間として許せないのかもしれない。だが、清原は相手の大将。阪神もチームリーダー桧山の一発で盛り上がったように、清原の一発は巨人の眠りを覚ましかけていた。

エース同士の対決の場合、「ともかく相手よりも先にマウンドを降りたくない」という心理が働いて緊張感を保っていくといわれている。八回の巨人の攻撃、2点差の場面で上原に代打が送られている。

井川の気持ちにわずかながらホッとした部分が出たのか、二死を取ったあと、二岡智宏《におかともひろ》にヒットを許し、仁志敏久《にしとしひさ》を四球で出した。佐藤コーチがマウンドに行って気合いを入れる。ブルペンでは弓長起浩《ゆみながたつひろ》、遠山奬志《とおやましょうじ》の左の中継ぎは用意できていたし、抑えのマーク・バルデスも十分に用意できていた。

「用意はできています」と佐藤コーチ。

「井川に任せよう」と星野。まったく動じるところがなくマウンドを見つめていた。

そのピンチは高橋由伸《たかはしよしのぶ》（現監督）のいい当たりの遊撃ゴロで切り抜けた。投球数は

100球を超えている。

九回、松井秀喜が中前安打で出塁、清原が三塁内野安打で無死一・二塁。江藤智にはこの打席の前まで2四球と嫌がっている井川。ここで指揮官はみずからマウンドに行った。

「おまえしかおらん。任せた」

どこかで聞いたセリフを、そのまま井川に言った。星野はその言葉を何度も聞いている。大学時代、明大の島岡御大がピンチになるとマウンドに来て言った言葉は、「おまえに任せた。死ぬ気でなんとかせい」だった。

その一言が井川を妙に落ち着かせている。まったく動じぬ様子を見せた指揮官に、守る野手も「肝っ玉が据わっている」と思ったに違いない。選手の間に伝わっている星野伝説がより大きくなった。江藤はいい当たりのセンターフライ、阿《あ》部《べ》慎《しん》之《の》助《すけ》の鋭い当たりはショート・藤本の好捕にあってゲームセットとなった。

ピンチをしのいで勝利をおさめた井川を迎えるナインの一体感。清原は「昨年までとは違うチームを見ているようや」と言った。

井川に懸けて、井川に任せたと言い続けた星野にとって、本当に「任せた」という有言実行が呼んだ波及効果は予想以上に広がった。井川は「信頼されている」と自信が膨らんだし、ナインは「この監督の有言実行はウソではなかった」と思い、信頼感が深まった。

信頼はしていたと思う。だが、初陣を飾りたいという思いから我慢を忘れて動いてしまう例が、それまでの監督には多い。そこをじっと耐えた指揮官は「たんなるヤセ我慢」と言ったが、そんなに簡単なものではない。

「選手の性格を見て使え」というのが星野の口癖である。「監督の仕事は人間洞察力」と言う人も多い。星野もその一人だという証拠を、井川の起用で見せたのだ。


生え抜きには〝我慢の起用〟を、外様には〝数字〟を

任せて責任を持たせることで意気を感じて投げている井川に対して、2戦目の先発はビジネスライクにものを考える外国人のトレイ・ムーアであった。契約上のこともあり、勝ち星にやたらとこだわるのが外国人である。

ムーアの相手は工藤公康。両者譲らぬ好投は、またもや清原の一発が出て先制を許してしまう。

だが、ここからの阪神は前年までと違う粘りを見せる。1点をリードされた六回、二塁打の今岡をFAで入団した片岡が二塁打で返して同点になる。続く七回には二塁打の矢野輝弘を赤星が返して逆転に成功したのだ。

星野のここからの動きは素早かった。勝ち星の権利を持ったムーアをあっさり交代させている。ここからの細切《こまぎ》れリレーは前日とは別人のようであった。

機を見て敏なるのが星野野球だ。勝機に入った時に素早く動いた。2対1で主力投手を引っ込めることには勇気がいる。「勝ちたいんや」「勝ちたいねん」という03年のキャッチフレーズであったら、本来はもう1イニング引っ張っていたかもしれない。ムーアをあっさりと引っ込めた理由は、「開幕2戦目といっても、初登板というのは人一倍緊張する。疲労感も3倍はあるはず。いいところで代えてやれば、あとに続く」というものであった。

チームは逆転した。投球数は88球だったが、ムーアの疲労感は数字以上である。ここでムーアを降ろしても本人には傷がつかないし、納得した形となる。このまま逃げきればムーアに勝ちが転がり込む。おいしい話だ。星野はムーアの交代をあっさり決断した。

前日の井川には、どんなに苦しい場面でも絶対にマウンドから降ろさないそぶりを見せていた星野が、ムーアの時には決断が早かったのはなぜか。理由は簡単ではないだろうか。

井川はこれからの阪神を背負って立つ男。どんな苦しい場面でも自分の腕で乗り切っていかなければいけない選手である。ムーアはあくまで助っ人。ビジネスライクにものを考えてくるので、形で残したほうが効果があると判断したのではないだろうか。「井川には意気を、ムーアには結果を」という監督の意図がはっきりうかがえたのだ。

「選手というのは、いい形で降ろしておけば、次につないでいける」というのが一般論だが、厳しい場面で追いつめられて、そこから立ち直っていくことが本当の強さをつくると知っての星野式の人使いではなかったのか。

「柱になる男は自分の手で人生を切り開け」という思いがあった。その井川が苦しみながら完投勝ちを達成したのを見た時、「こいつは何かをつかんだ」と星野は目を細めた。だから、勝利以上のものを求めていた星野の手応えはあった。「この1勝はたんなる1勝ではない」と思って2戦目に臨んでいるのだから、よけいに大胆になれたのも事実であった。

「弱者の集団」が強い相手を倒すための戦略

開幕戦が2連戦しかなかったことも、のちの戦い方に微妙に出ている。2連勝を開幕から本気で狙っている監督は少ないと思う。1勝1敗でよし、あわよくば連勝という思いである。ともかく連敗だけは避けたいという気持ちは強い。初戦を奪った阪神だっただけに星野は大胆になれた。初戦にもし敗れていたら、88球しか投げていないムーアをもう1イニング投げさせたかもしれない。あっさり交代させることができたのも、先手を取っている有利さであった。勝負事で先行した者の有利さがそのまま出た試合であった。

ムーアがマウンドを降りた七回、一人一殺の投手リレーに出た。考えてみれば、この時の4投手はすでにいない。02年のシーズン終了を待って、3人は自由契約に、1人はトレードに出されているのだ。

かつてオリックスを日本一に導いた仰木は、どうしても西武に勝てなかった理由について、森祇晶（当時西武監督）の小刻みな投手リレーが原因であったと言っていた。

「森ちゃんのリレーは九回2点差でも一人一殺でくる。あれをやられるとたまらない」

と言っていたことがあった。

当時の西武には鹿取義隆《かとりよしたか》（現巨人GM）、杉山賢人《すぎやまけんと》、潮崎哲也《しおざきてつや》（現二軍監督）のサンフレッチェ（3本の矢）がいた。九回1イニングの打者一人ひとりにそれぞれを投入して1イニングを切り抜けていくやり方で勝っている。この継投は「必殺リレー」と言われ、常勝軍団・西武の要になってきていた。近代野球においては、抑えが確立している九回までの七、八回をどのような形でつないでいくかが鍵になっている。

ムーアが降りた七回にマウンドに上がったのは右投げの中継ぎ・伊藤敦規《いとうあつのり》であった。右打者の元木大介《もときだいすけ》を二塁ゴロで打ち取ると、巨人は代打を送ってきた。左打者の後藤孝志《ごとうこうじ》である。ここで伊藤はお役御免。左投げの弓長が送られた。巨人はまた動く。代打の代打で川相昌弘《かわいまさひろ》が出てきた。弓長の2球目で左前安打を放っている。二岡、仁志と右打者が続くところで、今度は弓長をあきらめ、伊達昌司《だてまさし》をリリーフに出している。二者をピシャリと抑えたところで伊達の役割は終わった。

八回は左の高橋由伸、松井からである。星野は左の遠山を送った。中継ぎ・抑えはイニングをまたがらせないほうがいいといわれるが、これもイニング間の緊張の持続が保ちにくいところからいわれているのだ。

高橋由伸を打ち取ったところで松井には中前安打を打たれる。本塁打を打っている清原を迎えたところで星野は動いた。金澤健人《かなざわたけひと》、福原忍《ふくはらしのぶ》の選択肢の中から、いきなり抑えのバルデスを投入している。のちに「清原を抑えるのは中途半端な投手では無理。今年、アイツと心中する意味でも難しい場面で起用してみた」と語っていたが、バルデスは清原を二塁フライ、江藤を三振に打ち取って八回のピンチを切り抜けている。

八回のピンチに比べれば、打順が下位に下がる九回はそれほど難しくない。阿部、斎藤宜之《さいとうたかゆき》、清水隆行《しみずたかゆき》の3人の左打者をあっさり内野ゴロに打ち取ってのゲームセット。前日、涙を見せながら井川を迎えた星野は冷静にバルデスを迎えた。「バルデスがようやった。抑えで使えることを証明した。とくに左打者に通用するのがうれしいね」と笑った。

阪神の巨人戦での開幕2連勝は40年ぶりのことであった。開幕連勝は23年ぶりの快挙である。キャンプからずっと言い続けてきた「打倒巨人」が見事に決まったのだ。選手の中には、「打倒巨人を言い続けてきて、本当にそれをやってしまう恐ろしい人」というイメージが強烈になってきた。まさに有言実行である。巨人何するものぞの思いは、この時点で阪神のナインの間に芽生えてきたのだ。

02年は巨人を相手に12勝15敗1分と苦戦したが、開幕戦での2連勝はチームを大きく変え、星野の存在を大きくしていったのである。この勝利をキッカケに阪神は開幕の連勝を果たして波に乗った。巨人に勝つことに生涯をかけていた男は、就任1年目の開幕戦でそれを立派に果たしたのであった。それが03年の独走の布石になるとは当時、誰も思っていなかった。

第4章

「悪しき伝統」をぶち壊せ!

——星野仙一の改革力［2003年・阪神優勝］

18年ぶりのリーグ優勝を決め、阪神ナインに胴上げされる星野監督。「この縦縞で、この甲子園で胴上げされたかった!」の名言でファンを湧かせた（2003年9月15日、阪神甲子園球場）

〝血の入れ替え〟という汚れ役に、誰を指名するか？

プロ野球の監督の仕事は、春のキャンプ終了の段階で8割が終わっているといわれる。チームの方針やチームづくりがこの時点で固まってくるからだ。そのためには前年オフの秋季キャンプの成否と戦力の整備が大きなカギを握る。

強い阪神へと活性化した要因は、やはり02年オフの思い切った〝クビ斬り〟だった。そして、それを断行したのが星野仙一だ。

「改革には必ず痛みが伴うもの」というが、思い切った改革には必ず〝汚れ役〟が必要になる。そこで、並み居る球団のフロントの中から星野が指名した汚れ役は、前内閣時代の野村克也監督の腹心で、編成部長の黒田正宏《くろだまさひろ》だった。

黒田は、法大時代は田淵幸一の1年下で二番手捕手、南海に入団してからは野村の控えを続けた。そして、西武に移ってからは広岡達朗《ひろおかたつろう》（元ヤクルト、西武監督）のもとで管理野球を学んでいる。ヤクルトを経て阪神の監督に就任した野村に招かれて編成の仕事を任されるようになり、力をつけていた。

だが、黒田は星野がコーチとして招聘した田淵と因縁があった。田淵がダイエーの監督だった時、法大の先輩・後輩であり、西武時代からのつきあいもあって黒田はヘッドコーチになっている。そのころ、黒田は手柄を自分で独り占めにしようとして田淵をないがしろにしたと疑われたことがあり、確執があったといわれた。

詳細は定かではないが、「アイツだけは許せない」と人のいい田淵に言わせたのだから、よほどのことがあったはずだ。そのへんのことは当然、田淵から星野の耳に入っていた。

星野は田淵と黒田の関係よりも、黒田のそれまでの仕事ぶりを再調査した。過去に行ったトレードやドラフト調査は決して失敗ばかりではなく、在阪に広い人脈を持っていることもわかった。

「この男を斬るのは簡単だが、生かしておけば使い道は十分ある。使い方しだいでは能力が発揮できる人間だ」と星野は私情を抜きにして判断した。そして、田淵と黒田の2人をみずから呼んで、こう言い切った。

「いままでのことは水に流してやってもらいたい。要は阪神が強くなること。そのために、手足となってやってもらいたい。これからの仕事ぶりをじっくり見させてもらう」

星野の言葉は力強く、まったくけれんみがなかった。

感謝すると同時に星野の器の大きさを感じ取った黒田は、監督のため、阪神のために滅私奉公をすることに心血を注ぎ、星野が目指す改革の汚れ役となった。

星野は黒田を通して改革を断行した。

35歳で1勝を挙げた横田久則《よこたひさのり》、かつてのドラフト1位の舩木聖士《ふなきさとし》、01年に中継ぎで44試合を投げた弓長起浩、貴重な中継ぎのアンダースローとして活躍した伊藤敦規、01年に23セーブポイントを挙げてカムバック賞に輝いた成本年秀《なりもととしひで》、〝ゴジラ（松井秀喜）キラー〟と呼ばれて左のワンポイントとして活躍した遠山奬志のほか、部坂俊之《へさかとしゆき》、山岡洋之《やまおかひろゆき》、原田《はらだ》健二《けんじ》、川俣《かわまた》ヒロアキ（浩明《ひろあき》）、面出哲志《めんでてつじ》、西川慎一《にしかわしんいち》らがリストラされた。

また、投手を中心とした27歳以上の選手を対象に〝クビ斬り〟を断行。そして、自由契約だけで18人、トレードまで含めると、それまでの約3分の1にあたる26人もの選手を入れ替えたのである。

「使える選手」「使えない選手」を見きわめる基準とは？

これだけの人間を動かすには、人情や情実や妥協はまったく不要であった。中途半端だと、そこにもろさと甘さが見え隠れして、改革そのものが失敗してしまう。判断材料となったのは、年齢、成績を考えて〝優勝するための戦力になるか、ならないか〟という一点だけで、情実はまったく挟まなかったのであった。

この〝クビ斬り〟はドラフト会議での新戦力と照らし合わせてのものだったが、予想以上の効果を上げた。のちに巨人の渡邉恒雄《わたなべつねお》オーナー（当時）から「今年の阪神の躍進は若手への入れ替え。ウチが果たしてどれだけできるか」と絶賛されるほどの活性化となった。

阪神ＯＢの中には、「よそから来た人だからできたこと」と言う人も多かった。たしかに、よそ者だからこそ大胆になれるのかもしれないが、逆にいえば、よそ者だから遠慮が出ることもある。それを大胆に思い切って行ったところが星野の星野たるゆえんだ。

星野が就任1年目の秋に行ったこのリストラはそれまで〝ぬるま湯〟につかっていた阪神ナインに大きな危機感を与えた。

阪神の場合、平均2〜4年で監督が交代している。その結果、選手のほうが監督より長くチームに在籍することになる。そうなると、実力の世界とはいっても、自然にフロントとの癒着などが生まれ、監督の思うようなトレードなど〝血の入れ替え〟ができない状態となっていた。それをあっさり斬り捨てた星野の有言実行の厳しさを目の当たりにしたナインは、〝次は自分かもしれない〟と思い始めた。

〝クビ斬り〟は、〝血の入れ替え〟だけでなく、〝結果を出さないと、少々の実績があってもクビだ〟という緊張感をナインに植えつけた。そういう意味での相乗効果は、どんな言葉よりも大きかった。

星野にとって、こうした思い切った〝クビ斬り〟は初めてではなかった。先述したように、中日時代にも非情なリストラを行っている星野にとっては、〝勝つために当然のこと〟という〝血の入れ替え〟ではなかったか。

「育てるコーチ」と「戦うコーチ」を明確化した配置転換

星野は、26人の選手の粛清を行うと同時に、コーチ陣の入れ替えをも行った。

投手コーチは、ブルペン担当だった葛西稔に代えて、中日時代にエースとしてカムバックして打倒巨人に燃えた西本聖《にしもとたかし》を呼んでいる。打撃コーチには変動がなかったが、守備走塁コーチを大幅に替えた。二軍監督であった岡田彰布を昇格させ、長嶋清幸《ながしまきよゆき》とコンビを組ませている。バッテリー担当の木戸克彦に代えて達川光男を外部から呼び、木戸を二軍監督にした。その代わりに二軍の湯舟敏郎《ゆふねとしろう》、御子柴進《みこしばすすむ》、山脇光治《やまわきこうじ》、中山悌一《なかやまていいち》らがあっさりクビになっている。生え抜きのコーチたちばかりであった。

「よそから来た人間はなんらかの評価があってやってきている。同じチームでそのままコーチになった人間は技術を学ぶ努力も勉強もしていないようだ。人のつきあいだけで生きてきた」

星野はそう言って斬り捨てた。ここでの尺度は、「自分が斬った時に、ほかで評価されて獲ってもらえるような人間なら自分の目が間違っていたことになる。だが、どこも声をかけてくれないのなら自分の評価が正しい」ということであった。事実、クビを斬られたコーチはほかからコーチの声がかかっていないし（湯舟と山脇は星野の退任後に復帰）、リストラされた26人の選手の中で他球団に移ったのはたった3人であった。こうした思い切った「ぬるま湯からの脱却」がチームの体質を大きく変えていったのである。

一軍のコーチたちはできるだけ選手の世代に近い人間を選んでいる。星野にしても、50代半ばを過ぎて選手たちが子どものように思えてくると、コミュニケーションを取るのが難しくなってくる。そのためにコーチを若返らせたのである。監督はヘッドコーチに一言しゃべるだけで担当コーチに伝わり、担当コーチと選手とのコミュニケーションがしっかりできることになる。監督が何かを言ってしまったら、それがすべての結論になってしまうのを恐れたための配慮でもあった。

星野は大所高所から見守ることで全軍を率いる方法を選んだ。それをやりとげていくために一番重要だったのが、気心の知れている島野育夫ヘッドコーチだったのだ。

「ぬるま湯体質」をどう打破したか？

二軍スタッフで解雇になったのは生え抜きのコーチである。コーチ人事に関しては星野の意図がはっきり出ている。阪神のぬるま湯の中にどっぷりとつかってきた〝技術の裏づけのないコーチ〟を否定することで、コーチ陣の中にも緊張感を与えようとしていたのだ。

26人という大量解雇は、じつはそれ以上に、バッティング投手、トレーナーやコーチにもおよんでいた。中間管理職としてのコーチの粛清は、一・二軍の血の入れ替えと同時に、二軍の生え抜きのぬるま湯体質にもおよび、その中で安心していたバッティング投手にもおよんだ。そして、スコアラーを増やして徹底分析を行うことでの打撃解析をも実行している。

星野が手がけた、「なぜ、10年以上もBクラスにいることになっていたのか」という分析を独自に調査する一方で、各マスコミの担当者を含めて「再建への上申書」を提出させ、星野はじっくり目を通した。

その結果、阪神低迷の元凶は、長い伝統に支えられ、ファンに温かく見守られる一方で、その伝統と待遇にあぐらをかいている〝ぬるま湯体質〟であることに行き着いた。そのためには改革が必要だった。だから、そのぬるま湯をかき回すために新しい血の入れ替えをしたのだ。そして、ここから起きた緊張感が、03年のチームの快進撃へとつながっていく。

「思い切った人の入れ替えへの決断、それによって起きる選手間の危機感。これが全体の張りつめた空気をつくっていった。鉄道人の発想ではできないことかもしれないが……」

安全第一の阪神電鉄の体質の中にいる幹部の一人が、思い切った人事について、こうつぶやいた。

西本聖と佐藤義則……２人の元大投手を使い分けた人事の妙

阪神球団のよさの一つに、バッティング投手の待遇のよさや、コーチの交際費の使い方の自由さがある。選手と一緒の食事代などは球団が持ってくれる場合が多い。兄貴分としての岡田が選手を連れて飲みに行ったり、食事の席で選手の愚痴を聞いたりしたカネも、球団の中から支払われる場合も多いのだ。

02年の開幕のころ、星野の中で、それほど認められていなかった佐藤義則の評価が上がってきた。「アイツはいつも酒臭いけれど、けっこう親身になって選手と接してくれている。中継ぎが頑張れるのも、そういうコミュニケーションのおかげだ。いつもは何を考えているのか、ボーッとしているけれど、いいコーチかもしれない」と岡田に語り、見直したのである。中継ぎに伊達昌司、金澤健人らを指名。その頑張りにより、選手の気持ちをつかんでいると見て取ったのだ。

「生え抜きのコーチには、選手に強く言えない甘さがある。ガンガン言って叱れるコーチが必要」

という星野の考え方が、もう一人の投手コーチの就任を求めた。西本である。佐藤とはオリックス時代につきあいがあった。ともかく練習の鬼といわれ、妥協を許さない姿勢は、当時は同世代の江川卓の「天才の江川」に対して、「努力の西本」といわれたものである。

その西本が藤川球児《ふじかわきゅうじ》、安藤優也《あんどうゆうや》、藤田太陽《ふじたたいよう》、久保田智之《くぼたともゆき》らの若手を、妥協を許さない練習で一人前にしている。

一方の佐藤のほうは、酒を飲みながらベテランの話を聞くことでバランスを保っている。大酒飲みでも選手寿命が長かった佐藤に対して、同じく選手寿命が長かったが酒を飲まない西本との微妙なバランスが投手陣を支えていた。

前年までの葛西は生え抜きで、選手に遠慮して厳しくものを言えない部分も多かったので、星野はあえて西本にその役割を要求している。

野球に対してのひたむきさでは、2人とも球界でも右に出る者はいない。だが、人との調和の面ではいま一つの心配があった。星野は西本の性格を知って、あえて要請した。その結果、佐藤との微妙な調和を保っていた。だが、その不安を払拭しているのが、現役時代から投手の基本は下半身づくりと言って、走ることに関しては他人に口を挟ませることがなかった2人だけに、投手の本質が何であるかを知っていることで、野球理論が一緒でわかり合えていること。それが成功の遠因になっている。

このあたりの星野の人の見分け方の妙が、スタッフに微妙な緊張関係を保たせていたのであった。

〝埋もれていた人材〟にチャンスを与えた戦力補強

サッカーW杯の変則日程で快進撃を続けていた阪神が失速した。結果的には4位に終わってしまうが、星野が来たことで、Bクラスに低迷していたこれまでのチームに活気が出たことは確かだ。

1年目の星野は就任が遅れたこともあり、球団の補強をそのまま受け継ぐ形で実行していたが、2年目になって大型補強の陣頭に立った。

ヤクルトのロベルト・ペタジーニと近鉄の中村紀洋の獲得に名乗りを上げた阪神が、巨人とのマネーゲームを嫌って広島の金本知憲《かねもとともあき》（現阪神監督）の獲得に動き出した。その結果、獲得できたのが第一の成功の要素だった。

投手では、レンジャーズを解雇され、メジャーでの居場所を失っていた伊良部秀輝《いらぶひでき》の獲得に成功する。伊良部の男気を星野が奮い立たせたといわれた。肺気泡の病気だけが心配だったが、それがクリアできたため、戦力としての計算が立てられたのだ。

星野自身の経験からして、02年は故障者の続出で泣いた。W杯の変則日程が原因とはいっても、故障者による戦力ダウンは大きかった。そこで、矢野輝弘に代わる捕手として日本ハムの野口寿浩《のぐちとしひろ》に白羽の矢を立て、下柳剛《しもやなぎつよし》と中村豊《なかむらゆたか》を交えての3対3のトレードに成功したのだ。星野は中継ぎだった下柳を先発に回せばまだいけると踏んでいた。ある意味、自身が中日時代に先発と抑えの両方を経験したことが、下柳を先発に回せばいけると踏めた理由かもしれないのだ。

野口のトレードは、備えあれば憂いなしでの獲得だが、これがじつはメインだった。なんとしても野口が欲しかったトレードだったと、のちに星野は語っている。

〝原巨人崩壊〟の遠因となった巧みな心理戦術

03年の星野は、「ネバー、ネバー、ネバー、サレンダー」と言い続けた前年とは違い、「勝ちたいんや」と関西弁を前面に出して勝利の執念を選手に託している。星野の英語好きは、長嶋茂雄ほどでないにしても、かなりのものであった。その英語のキャッチフレーズを03年はあっさり撤回して関西なまりに変えたのも、星野一流の嗅覚ではなかったか。つまり、関西という土地柄に配慮した場合、英語よりも関西弁のほうが、親しみが持たれると判断したのであった。それが「勝ちたいんや」である。

02年、巨人は「ジャイアンツ愛」を打ち出して快進撃を遂げている。巨人流の「ジャイアンツ愛」を阪神流に変えるなら「勝ちたいんや」。みんなで戦って、勝って喜びを分かち合おうというものだった。1年目を終えた段階で、星野は関西人の気質をしっかり見抜いている。どうすれば〝大阪の心〟を、〝関西の気質〟をチームに向けられるかを考えていた。

02年まで、あれほどまでに〝打倒巨人〟と敵愾心《てきがいしん》を出して戦ってきた男とは思えないほどの冷静さであった。もっとも、熱い男、闘う男のイメージが強い星野は、じつは計算ができる、分析力がある男であることを、キャッチフレーズそのものが物語っている。

〝打倒巨人〟を言葉に出して選手に言い続けるよりも、自分たちの勝つ戦いをすれば、巨人何するものぞという気持ちになれた。これはチームのモチベーションがそれだけ上がっていることを意味していた。つまり、星野の中に、巨人の存在そのものが手の内に入っていたことにも手応えを感じていたのではないか。

「ペタジーニが入った段階でチームはバラバラになる。見ててみい」

キャンプの時の予言がものの見事に的中したのを見ると、星野は好待遇、高年俸のよそ者を特別扱いすることでチームが崩壊する図を、中日時代に「落合（博満）の一件」でよくわかっていたのである。そのために巨人に対して余分な刺激はしないように考慮していた。余分なことを言って、かえってガードを固められると困るからでもある。つまり、無防備のほうがのちに役立つこともあると理解していたのだ。

「星野―川上―藤田―原」ラインを、どう戦いに生かしたか？

巨人の原辰徳のことは、星野は現役時代からよく知っていた。現役時代、バブル期の絶頂時に個人スポンサーが一緒だったこともあるし、星野が師と仰ぐ川上哲治が信頼する後継者の藤田元司と原は〝誰もが立ち入れない関係〟ともいわれていた。川上を通じての人間関係の中から星野と原のホットラインもできていたのだ。原の監督辞任が決まり（06～15年に再任）、最後の采配となった甲子園での試合で、一番先に「ご苦労さん」と声をかけたのが、そのシーズン限りで阪神の監督を勇退する決意をしていた星野であった。

だから、原は星野を〝兄のような存在〟として認め、「仙さん」「タツ」と呼び合う仲であった（13年には巨人対楽天の日本シリーズで対戦）。

1年目の02年は〝打倒巨人〟を打ち出したこともあって星野は原の話題を避けていた。ところが、2年目にソフトムードになってからは、あえて親しいことを強調していた。年齢的には、星野56歳、原45歳。ひとまわり近く違うことを考えれば、体育会的にいえば天と地以上の格差である。当然、小僧以下の扱いになってくる。

「タツがな、オレのとこに挨拶に来よった。ああ、タツなんて言ってはいけなかったな。アイツ、監督なんだからな。偉くなったものやな」

星野は試合前にベンチにどっかと座り、記者に囲まれながら敵将を見つめてそう言う。

そこにどっと笑いが起きてくる。そういうことは百も承知である。原が思わず星野のほうを振り向いて、目が合ったところで会釈をする。そこですでに勝負はついたようなものである。そのうえで明大の後輩の鹿取義隆ヘッドコーチが星野に挨拶に来ようものなら、半分以上は決まったようなものになる。よく、「試合が始まれば関係ない」と言うが、劣等意識には試合前も試合後も関係はないのだ。

星野が受け継いだ名将たちの「自己演出術」

同じような心理戦を巧みに使っていたのが、江夏豊が「おじいちゃん」と言って慕っていた藤本定義である。阪神が星野の監督就任以前に優勝したのは吉田義男率いる85年で、03年の優勝から18年前のことだ。その前の優勝となると、さらに20年も前で、64年のことであった。阪神は62年と64年に優勝を果たしているが、その時の将が藤本であった。

この時に優勝争いをしたのが60年に奇跡の優勝を遂げた大洋であり、それを率いていたのが三原脩であった。同じ四国出身（三原は高松《たかまつ》中、藤本は松山《まつやま》商）で早大の先輩・後輩である。先輩の藤本は三原ほどの知将でも頭が上がらない存在であった。実績では決して負けていない三原は、ナインからの信頼も厚く、選手は尊敬していた。ただ、藤本とは年齢がひとまわり以上も上で煙たい存在だったが、体育会系の習慣で、挨拶に出向くのは三原のほうであった。そんな時、藤本はなかなか出てこないで、三原をわざと待たせたりしていたという。

優勝争いの真っただ中の大洋―阪神戦。ファンや選手がいる前で、藤本はわざと三原を呼びつけた。しかも、「オーイ、三原」と呼び捨てにした。当時、大洋の主力投手の一人であった鈴木《すず》隆《き たかし》は言う。

「われわれから見たら神様みたいな人に対して、平気で呼び捨てにする人なんて、そんなに偉い人なのかなと、こっちは思った」

自軍の将を呼び捨てにする人はどんなにすごい人なのかと、知らず知らずのうちに恐れが広まっていったのは確かであった。だからというのではないが、三原は藤本率いる阪神の前に、2度の優勝争いを演じながら2度とも敗れている。前出の鈴木は言う。

「優勝争いになると、不思議と藤本さんは三原さんを呼びつけた。三原さんはイヤな顔をしていたが、ハイと従っていた。対抗心を露骨に出した水原（茂）さんの巨人とやる時と監督の意識がぜんぜん違った」

水原の巨人に対してはあれほど堂々としていた三原だが、藤本の前では何か借りてきた猫状態になっていたのだから、先輩・後輩の関係は面白いものだ。

そんな心理状態が将の戦い方を変えるのかもしれない。水原の場合は、シベリアから復員した時にその当時、指揮を執っていた三原から監督の座を奪う形で巨人に乗り込んでいた。そのために、三原は九州に下って西鉄を率いて、日本シリーズで巨人に対して3連覇を果たしている。水原にとってみれば、なんらかの後ろめたさがあった。それが指揮面にも多分に影響していたのかもしれない。しかし、三原の巨人に対する時の敵愾心は、阪神とやっている時は薄れていた。反対に、阪神の選手にしてみれば、「ウチの監督はすごい」となって、精神的に優位に立てる。それがそのまま接戦の時の迫力になって出ていた。

三原大洋は結局、60年に優勝した以外は阪神に敗れているのだが、そんな話を聞いた時に、星野と原の姿が思い浮かんだ。

敵軍の兵に動揺を与えたパフォーマンス

星野は巨人を徹底してコキおろしていたが、古巣・中日に対してはあまり触れてはいなかった。なぜか。どこかで自分が育った名古屋を敵に回したくないという気持ちがあったのではないだろうか。巨人に対する時のような闘志が見られなかったのは確かだ。選手には指揮官の闘志がすぐに伝わる。それが、03年前半の中日戦での星勘定の悪さになって表れている。

星野は原巨人を最大の目標にしながら、03年に関しては特別に名指しでの口撃を仕掛けていない。妙に意識を持たせないほうが得策と考えたのではないだろうか。

巨人を率いるのは原だが、チーム内の存在感は清原和博のほうが大きい。清原の場合は挑発にすぐに反応するし、マスコミもそれを援護するところがある。それだけに、変な挑発をして眠っている子を起こすよりも、原よりも有利であることをさりげなく訴えたほうが効果があると判断した策略のようだった。

試合前の練習の時でも、関西出身の選手たちは星野の姿を見つけると立ち止まって挨拶をしていく。そんな姿に阪神の選手は優越感を感じ、ますます監督の存在が大きくなっていった。こうなると、知らず知らずのうちに相手チームにコンプレックスが出始めて、星野の思うつぼにはまっていくのであった。

星野はそんなパフォーマンスを十分に計算して実行できる男である。

親しげに話しかけながらも、さりげなく原の肩に手をかける。肩に手をかけていることは、明らかに優位にある立場の人がやるものだ。それを平然とやってのけ、周囲を納得させてしまっていたのだ。

巨人の原は「お坊ちゃま監督」といわれ、東海大相模《さがみ》、東海大とエリート街道を走り続けている。それだけにプライドの高さは人一倍持っている。にもかかわらず「タツ」と呼ばれることは悔しくてならない。だから、戦いの中でも「無理してでも、なんとか叩きつぶしたい」という思いが強く、采配面での空回りが多くなっていった。

相手を意識すれば、余分な神経を使うことで、ふだん通りの試合の進め方ができなくなる。星野は原の反応を見ながら、そんなことを考えていたのであった。

原を「タツ」と呼び捨てにした心理はそんな部分にあるし、巨人の連中からの挨拶に、黙って会釈する星野の行動は、すべて計算の上に立っているといってもいいかもしれない。

〝戦い〟と〝気くばり〟をどう両立したか？

これが当時、横浜の新監督だった山下大輔《やましただいすけ》に対しては、まったく違う姿勢を示している。横浜は前年の最下位チームで、戦力が大して変わっているわけではない。そんなチームに対していらぬ刺激を与えるほど愚直な行動はない。星野はさかんに持ち上げている。無類の好人物の山下を刺激してムキにならせる必要はないからだ。

「今年の横浜は怖い。昨年、あんな形で終わり、監督も代わったことだし、選手がイキイキしている。一歩間違えば大変なことになる」

お世辞とは思っていても、山下は悪い気はしなかった。なんとしても叩きつぶすという意地みたいなものが出てこないまま16連敗もしてしまっている。確かに阪神の16連勝中でも、1点差ゲームが10試合と僅差の戦いになっている。その1点差こそが勝利への執念になって出ているのだ。

連勝の間、阪神はスクイズを4度も決めたが、横浜は無死二塁の走者を三塁にも進められないままズルズルと後退している。

優勝するためには〝お客さん〟をつくらないといけないが、星野は横浜をお客さん以上に手の内に入れてしまった。

横浜を乗せていた星野は、中日に対してはいっさい触ろうとはしなかった。三原と水原の話の中で、水原には後ろめたさがあり、対戦する時に牙をむいてこないという話を書いたが、中日を辞めてその足で阪神のユニホームを着た星野には後ろめたさが残っていた。そのために余分な神経も使ったのかもしれない。

「星野とグラウンドでしゃべったりしたら、オレは怒る。世話になった人かもしれんが、敵になった男だから」と声を大にして敵愾心を見せる中日監督の山田久志。後継者として引き上げてもらったことを忘れて牙をむき出す姿に、星野はおとなしくしていた。むしろ無視である。だが、選手のモチベーションは低下した。前半の中日戦に負け越すという結果を見た時、将の姿勢が戦いに反映していることは確かだということは実感できた。

最初は後ろめたさもあったから、ベンチの奥で選手と顔を合わせないようにしていた02年。だが、1年たった03年、ベンチの前列にどっかと腰を据えて座り込み始めたのが5月半ば。星野がにらみを利かすようになってから、中日への苦手意識が消えていった。

中日の選手は、星野を慕い、親父として見ていた部分がある。中日では山田と生え抜き組とがうまくいかない状態に陥り、ますます星野の行動が効果を見せたのだ。若松勉《わかまつつとむ》（ヤクルト監督）、山本浩二（広島監督）は同世代。２人の名球会プレーヤーとはいえ、外野手出身の監督の人のよさを熟知している。いざとなれば自分のほうが上と内心思っている星野は、彼らとはつねに友好関係を保っているし、遠征先などで、監督室や試合管理人室で一緒にお茶を飲む姿がある。闘う以上に友好関係を大切にしようとしていたのだ。

新戦力に巨人を叩かせることの驚くべき効果

各球団にそれぞれ違う対応をしていながら、星野の眼中に巨人以外の姿はなかった。02年の開幕の連勝とは違って、03年開幕からの阪神は決して順調とはいえないすべり出しで４月11日の巨人戦を迎えていた。

７勝５敗で迎えた巨人戦。相手チームの大将・清原の復帰戦でもあった。阪神の先発はロッテ時代に清原との名勝負を演じていた伊良部であった。03年からの新加入である。この試合が持つ意味の大きさを星野は十二分にわかっていた。清原にいい形でデビューをさせれば、清原フィーバーに乗って巨人に追い風が吹く。だが、伊良部でガッチリ抑えれば

〝神様・仏様・伊良部様〟となって阪神に追い風が吹くし、「今年の阪神は違う」と周囲に思わせる格好の材料ができる。なにしろ、マスコミをも戦力と見ている星野には、巨人を最初に叩くことでの相乗効果は並大抵ではないということがわかっていたのだ。

だから、原に対して「タツ」と呼んで自軍のベンチにわざわざ歩み寄らせて握手したパフォーマンス同様、練習中の清原に「キヨ、戻ってきたか」と声をかけて練習を中断させ、帽子を取って挨拶をさせている。ランニング中のナインはその姿をしっかり見ているし、取材に訪れた長嶋の前でもその親密さを示し、ケージの後ろで話し込んで対巨人に精神的優位性を示しながら、同時に存在感をアピールすることを忘れなかった。

試合は伊良部と木佐貫洋《きさぬきひろし》の投げ合いで始まった。清水隆行を出塁させたものの、高橋由伸を併殺打に打ち取って無難な立ち上がりを見せた伊良部。二回の先頭打者の清原を変化球で二塁ゴロに打ち取っている。清原にしてみれば、男同士の対決は直球勝負を考えていただけに肩すかしの格好になっていたが、伊良部は対決より勝負を選んだ。そのあたりはメジャー・リーグで培ったしたたかさであり、そのゲームの持つ意味がわかっていた。だからこそ伊良部のしたたかさに賭けた星野は、巨人戦の初戦に先発できるようなローテーションを佐藤コーチに命じていたのだ。

阪神は金本が巨人に対して存在感をアピールする中で7イニングを投げ切った伊良部は、

1失点でお役御免となった。伊良部は清原に2本の中前安打を打たれたものの、決して長打を打たせないピッチングで立派に役割を果たしている。星野もみずから伊良部に声をかけ、佐藤もその労をねぎらった。そして、八回に金本の2点本塁打が飛び出し、ゲームは3点差に開いた。

阪神は03年、ジェフ・ウィリアムス、ルー・ポートという左右のストッパーを獲得している。勝利の方程式は、先発が七回までもち、残りの2イニングを両ストッパーでつないでいくパターンを青写真に描いていた。のちにＪＦＫ（ジェフ、藤川、久保田）の一角を担うウィリアムスは八回に登板し、自分の仕事をきっちりこなしている。

阪神優勝を決定づけた〝伝説の采配ミス〟

阪神は九回、コリー・ベイリーを攻めて一気に3点を奪い、誰もが勝負を決めたかに見えた。星野はウィリアムスに代えて、もう一人の外国人ポートにつないだ。「ウチの勝ちパターンを見せつけることによって強さを増幅させるつもりだった」と星野は考えていた。最初に存在感を示すことで強さをアピールしようとしたのだ。

だが、ゲームはゲタをはくまでわからない。ポートも難なく二死を取り、誰もが阪神の楽勝を考えた。そこからである。ポートは連打を浴びて降板。点差を考えればあわてる必要もなかったが、「早くいい形で巨人を叩きたい」という思いが強かった星野は焦った。5点差でポートから吉野《よしの》誠《まこと》に代えたのだ。

だが、その吉野が誤算で、前年の〝ゴジラキラー〟の力はなかった。阿部慎之助を2ストライクと追い込んでから四球を与える。それが痛かった。続く元木大介に対して、2ストライクと追い込んだところで、あえて藤川をマウンドに送る。カウント2—0からの交代。常識では考えられないリレーである。星野はのちに「阿部の時、2—0から四球がひらめいた。フォークがある球児のほうが、三振が取れると思って代えた。ひらめき？　そうかもしれない」とその時の理由を語っている。のちに阪神の絶対的な抑え投手として君臨する藤川であったが、結果は最悪。元木にポテンヒット、後藤孝志に同点本塁打を打たれてしまった。

2—0からの交代について、「無死からの四球、カウント2—0からの四球は7割から9割やられるというのが野球100年のデータ」とのちに星野は語っているが、根拠なき交代はしないと言いたかったことだけは確かだ。だが、この試合では、万全の策を尽くしたというよりも、星野一流の原に対してのオチョクリではなかったか。そこまで見下した形で最初に巨人を倒し、有利な展開をしたいという思いがあったのだ。それがアダになった。

「あの時は自分の中にも欲があったかもしれん。あの展開になれば、本来は巨人の勝ちムード。よく引き分けてくれたと選手には言ったよ。采配のミスとは言わないが、壊れかけたゲームを選手が救ってくれた」

星野は反省を込めて言う。試合は延長十二回、8対8のまま引き分けた。

この同点劇がのちの星野の采配に大きく影響したし、選手の中に、勝負はゲタをはくまでわからないという恐ろしさと慎重さを植えつけた。コーチたちは終了後のミーティングで、「この引き分けを生かすには、明日勝つしかない」と気持ちを一つにすることを誓ったのだ。

「困った時には、原点に帰れ」

2戦目はトレイ・ムーアが投打に活躍。三回に一気に8点を奪い、前夜のイヤなムードを払拭した。これで勢いに乗った阪神は3戦目も下柳がゲームをつくり、上原浩治を打ち砕いて連勝した。阪神の勢いが2戦目の勝利から出てきた。

あの試合で簡単に勝っていたら、監督だけの自己満足に終わっていたかもしれない。同点にされたところで緊張感と危機感が生まれている。その後の選手たちの戦いぶりでそれがわかる。

2戦目に、一塁の元木と二塁の仁志敏久が衝突し、清水が故障を発生させた。戦力の差は歴然となったが、その後、阪神は5月16日にゲーリー・ラスに敗れるまで5連勝と白星を稼いだ。

ある巨人関係者は言う。

「阪神を走らせたのはシーズン2勝しかしていない横浜だとばかり言うけれど、うちだって4勝しかしていないんだからね」

勝負事は最後まで手綱を緩めるなというが、それまで阪神の強さのアピールを考えて策を弄した星野が巨人と真正面から向き合った時、圧倒的な結果を生んだのだ。打倒巨人にあれだけ執念を燃やしてきた星野の、03年シーズンの堂々たる横綱相撲を見るにつけ、策を弄さず、正面から渡り合う姿勢への変化が、すべて初戦に見られたと思う。そして、それをやり遂げた時、阪神は巨人を圧倒し、優勝の二文字が見えてきたのだ。

「いろいろ考えるよりも、原点に戻って戦うのが一番」

星野が口にする「原点回帰」「困ったら最初に戻れ」――それは、若かりしころの星野がケンカで鍛え上げた〝悪の発想〟でもあったのだ。

「あれだから選手は仙ちゃんについてくるんや」

85年に阪神が優勝した年、巨人の槙原寛己からランディ・バース、掛布雅之、岡田の3人が打った連続本塁打が起爆剤になったといわれるが、5月9日の横浜戦では濱中《はまなか》おさむ（現治《おさむ》）、ジョージ・アリアス、片岡篤史の3連発があり、4月18日には返り咲いた首位の座を固めたのだった。

夏場を迎えた7月末にはマジック35が点灯していた。このころになると星野の体調はすぐれなかった。血圧が165まで上がることもあったし、ベンチ裏のトレーナー室で休むこともあった。主治医からもらう常備薬を手放すことはできなかった。体調の悪化の中で平然と指揮を執る姿に、選手たちが何も感じなければおかしい。

「男が命を懸けてする仕事に、そばにいる部下が何も感じないのはおかしい。やっぱり、やろうという気にはなるわな」と意気を感じて結果を残した金本はこう言う。

順調に勝ち続けていたチームに黄信号が灯ったのは、死のロードに出たあとだった。阪神ファンの多くは「オレたちが応援しないと弱いんやから」と自嘲気味に語るが、死のロードで4勝11敗と大きく負け越したチームが23日ぶりに甲子園に帰ってきた時の甲子園のファンは温かかった。それにつられるように金本が3試合連続のアーチを放ち、伊良部が12勝目をあげ、追いすがる巨人の息の根を止めた。「気持ちで体を引っ張っている」と言う金本。ＦＡ補強の成功がチームの優勝をグッと引きつけた。

勝利のためなら親友である山本の戦力も奪い取ることも辞さなかった星野の執念が、金本にも乗り移ったのだった。

そして、25年ぶりに胴上げをする日が来た。9月15日のデーゲームの広島戦。55盗塁の球団新記録をつくっている赤星憲広が決勝打を打った。ナイターで2位のヤクルトが敗れたために決まった優勝だった。

だが、星野はその前々日に母・敏子さんを亡くしている。そのことを誰にも知らせず、通夜にこそ駆けつけたが、葬儀には参列せずに指揮を執った。あとで知った選手も多かった。仕事のために家族を顧みないのは日本人としては古い体質かもしれないが、星野はそれを貫いた。「あれだから人は仙ちゃんについてくるんや」と言った島野ヘッドの手には、星野の亡き妻・扶沙子さんの遺影が抱えられていた。「もう一度、パパの胴上げを見たい。協力してあげてくださいね」と病床で託されたという島野はしっかり約束を守った。その島野ももうこの世にはいないが……。

男の生き様として、何か大きな仕事をやりとげる時には、浪花節《なにわぶし》か演歌が心を一つにする。また、不思議にそれが似合う男がいる。星野にはそれができたからこその03年の優勝を成し遂げたような気がする。そういう流れをつくるのが上手《じょうず》だし、それを支える仲間には恵まれていたと言っても過言ではないのだ。

星野の「日本一」を2度も阻んだ王貞治の存在

星野が監督として出場した3度の日本シリーズは、いずれも敗北の憂き目にあった。

88年の相手は西武だった。先発投手として初戦に起用したのは、その西武からトレードでやってきた小野和幸《おのかずゆき》。西武では先発の6番手だった男が、いきなり18勝をあげて大化けした。当然、正攻法で戦う星野にすれば、初戦を託したいのは稼ぎ頭だった。だが、西武ナインにすれば与《くみ》しやすい相手。おまけにパ・リーグ4連覇中だけに戦力は充実していた。

二回に清原がいきなり場外アーチをかけ、中日の度肝を抜いた。西武の四番・清原は16打席で6安打、打点4、3本塁打と打ちまくり、中日の四番・落合博満は16打席で5安打ながら、打点も本塁打もないままに終わっている。

初戦の小野の誤算は最後まで尾を引いた。ペナントレース同様の野球をやったのが敗因であった。落合はのちに「四番の差で負けた」と敗北宣言をしたが、三番が固定できない戦いに苦しみ抜いていたのだった。初戦で西武に行ってしまった流れを食い止められないまま1勝4敗で敗れ去っている。大舞台に弱い落合を見せつけられた星野の不満が大いに爆発した日本シリーズであった。

2度目の日本シリーズは、王貞治がホークスを率いて初めての日本一だった。当時のダイエーには西武黄金時代の立て役者・工藤公康と秋山幸二がチームの牽引車《けんいんしゃ》となっていた。優勝経験の豊富な2人が支えるチームにあって、小久保裕紀、城島健司の若手がクリーンナップを任された。王はこの日本シリーズに限ってベテランの秋山を一番に据え、チームを引っ張ることを命じている。

秋山がその役割を十分に果たし、工藤が初戦で中日を完封したことから流れがダイエーに行く。一戦ごとに変わる中日の上位打線は機能せず、打線を固定したダイエーの前に、5試合中3試合が完封負けという憂き目にあっている。

星野にすれば、何もできないままの敗北。日本シリーズは初体験の関川浩一、久慈照嘉らのトレード組が力を出せないまま1勝4敗で敗れ去っている。

2度の日本シリーズとも、初戦でつかまれた流れを取り戻すことができないままに敗北したのは、ペナントレースの戦いをそのままに、運やツキを持った選手を重用できず、勢いが勝敗を決める短期決戦の特徴を生かせずに日本シリーズを戦ったからではなかったか。

3度目の日本シリーズとなった03年は、またもや相手は王率いるダイエーだった。〝内弁慶シリーズ〟といわれ、本拠地の圧倒的な応援がそのままチームの勢いに変わっていた。

この年のダイエーは和田毅《わだつよし》、新垣渚《あらかきなぎさ》という新人を獲得してこれまでの投手陣を一新させ、斉藤和巳《さいとうかずみ》を中心とした先発ローテーションを組んだ。本体のダイエーの経営が悪化している中、王にすれば、阪神は恵まれた環境に映っていた。

「阪神はあれだけ独走して、ぶっちぎりで勝つぐらい強いし、恵まれた環境にある。しかし、うちは少々問題がある時のほうが力を発揮するチーム。それに、優勝経験者も多い」

王は阪神を指揮する星野へのライバル心を燃やしながら、戦いの時を静かに待っていた。

星野の「世界一」を予感させた〝王との共通点〟

星野の現役時代は、東京六大学の先輩である長嶋より、王に対して闘志を燃やしていた。新人時代の69年に初本塁打を打たれた相手は王だったし、その後、12年間で3割1分8厘、24本塁打を浴びている。対戦した195打席のうち、敬遠四球が12個。王には「胸元をガンガン攻めてくる強気な投手」というイメージが残っているらしいが、勝負どころでは無駄な意地を張るよりも、勝てる要素を選択するというしたたかな投球術の持ち主であった。

84年から巨人の監督となった王、87年から中日の監督となった星野。87、88年の2年間にわたって対戦し、87年には王が、88年には星野が優勝している。

88年に巨人が優勝を逃したのがきっかけになって、王は巨人を去っているが、その年、中日の宮下昌己《みやしたまさみ》の死球をめぐって巨人のウォーレン・クロマティが暴行。それに対して星野は王の胸ぐらをつかまんばかりの抗議をしている。グラウンド上でONに対してこういう行動を取ったのは星野が初めてだ。

そんな因縁を持つ2人だったが、先述のように99年に中日とダイエーの監督として対戦。星野に4勝1敗で勝利した王は、巨人を去らなければならなくなった悔しさを晴らした。03年はそれ以来の再戦。今度は星野が監督の座を去らなければならなくなった。

星野と王にはいくつかの共通点がある。

星野も王も女系家族だ。王には理香《りか》さん、理恵《りえ》さん（タレント、野菜ソムリエ）、理沙《りさ》さんの3人の娘さんがいて、結婚してからも「王」の名前が残るように〝王家が里〟という意味で「理」の字を名前につけていた。

一方の星野は2人の娘さんを持つ。千華《ちか》さん、和華《わか》さんといい、華がある人間になってほしいという思いが名前に込められている。97年に亡くなった妻・扶沙子さんは明大時代にひと目ぼれした相手。

同じく01年に亡くなった王夫人の恭子《きょうこ》さんは、巨人の多摩川《たまがわ》グラウンド（東京・大田区）を訪れていたファンの一人にひと目ぼれした相手であった。恭子さんの葬儀に参列した星野は、「奥さんを亡くした王さんの気持ちは、オレが一番わかる」と号泣していた。

野球に関しても共通点が多い。

王野球の原点は巨人V9を支えた川上の野球に、地元・福岡の気質に合った豪快さを加味したもの。星野の原点はNHKの解説者時代に川上に師事して監督術を学んだもの。巨人の監督時代は背番号1にこだわっていた王だが、ダイエーに来てからは〝89〟に変更し、巨人からの決別を誓った。一方の星野は、川上に頭を下げて許可を得て〝77〟をつけた。中日監督時代から楽天代表監督を退任するまで、この番号で通している。

2人がともに基本としたのが、バッテリーを中心とした〝守りの野球〟だ。表向きには大型打線を標榜しているものの、実際には一番打者と捕手を重要課題としていた。星野の中日時代の2度の優勝には、彦野利勝、関川という一番打者がいたし、阪神に移ってからは、前監督の野村に嫌われていた今岡誠を一番に起用して再生させている。一方、王は村松有人を育てている。日本一になった99年には、日本シリーズ限定で秋山を起用している。

捕手については、星野には中日時代には鉄拳を振るってでも成長を期待した中村武志がいた。阪神に移ってからは、中日時代にみずからトレードで出した矢野をレギュラーに据えることで再生させている。王にとっては就任以来チームとともに育ってきた城島の存在がすべてであった。03年の日本シリーズでは、城島vs.矢野の捕手対決がマスコミから注目を集めた。

「星野vs.王」対決の流れを左右した〝心理戦〟の綾

そんな共通項の多い2人が相まみえる注目の戦いは、福岡で初戦が始まった。

先手を取ったのはダイエー。九回、四球で歩いた松中信彦《まつなかのぶひこ》を城島の右前安打でつなげ、フリオ・ズレータの中越え安打でサヨナラ勝ち。5対4の接戦を制したのは、先発のエース・井川慶を打ち崩した〝100打点カルテット〟（井口資仁《いぐちただひと》＝現ロッテ監督、松中、城島、ペドロ・バルデス）の威力だった。四球は得点につながると星野は口を酸っぱくして言うが、この試合では初回を除いて四球がすべて得点につながった。エース・斉藤を先発に立てたダイエーは、吉田修司《よしだしゅうじ》、岡本克道《おかもとかつのり》の中継ぎが踏ん張り、抑えの篠原貴行《しのはらたかゆき》へとつなげた。阪神は中継ぎの安藤優也を3イニングと引っ張りすぎて墓穴を掘ってしまった。

2戦目はダイエー・杉内俊哉《すぎうちとしや》（現巨人）、阪神・伊良部の先発で始まったが、前日のサヨナラ勝ちの勢いがそのまま16安打、13得点の大爆発につながった。先発投手が崩れてゲームをつくれない状況では、星野も手の打ちようがなかった。

福岡から甲子園に場所を移しての第3戦、ダイエー・和田と阪神・ムーアの両左腕の投げ合いで、1対1のまま延長戦に突入している。初回こそ3連打で先制点をあげたダイエーだが、ムーアの前に二回から七回までピシャリと抑えられている。和田も四回の金本のソロ本塁打以外は六回までピシャリと抑える。迎えた十回、アリアスへの四球を桧山進次郎が右前安打でつなぎ、矢野への敬遠のあと、藤本敦士の犠牲フライでサヨナラ勝ちをおさめた。またもや四球が起点となってのサヨナラ劇であった。

シーズン終盤まではケガ人が出ない限り打線をいじらなかった星野が、先発が左腕の和田ということもあってか、六番の片岡を外して、それまで四番を打っていた桧山を六番に下げ、四番には八木《やぎ》裕《ひろし》を据えている。その四番を外れた桧山のつなぎのバッティングでチャンスが広がったのだ。その一方で、大敗した第2戦で好投した吉野を、腹を据えて3イニングも使い続けた。この1勝は阪神に流れをグッと引き寄せている。

第4戦、雨で1日順延になったことから、星野は初戦に5回で降板させた井川を中4日で起用したが、王はあえて斉藤を温存。これが凶と出た。先発のブランドン・ナイトが乱調。阪神が初回から3点を奪うが、ダイエーも七回に連打で3点を奪って同点に追いつくというシーソーゲーム。八回からは、先発から中継ぎに回って〝秘密兵器〟といわれた新垣を登板させるが、これは裏目に出る。逆に、阪神は抑えのウィリアムスを同点の場面で投入したことが功を奏して、金本のこの試合2本目の本塁打で連夜のサヨナラ勝ちをおさめている。地元ファンの前での連日の勝利にファンは大喜び。久しぶりに短期決戦で見せた星野の戦術により、流れは完全に阪神に移っている。

第5戦、王が満を持して登板させた斉藤でも阪神の勢いは止められなかった。初回、金本のこの日本シリーズで4本目の本塁打で口火を切った阪神は、城島の2点本塁打で逆転を許すが、七回に桧山の左前適時打で逆転。吉野、ジェロッド・リガン、安藤から抑えのウィリアムスにつないで逃げ切っている。

阪神の勝因の一つは、日本シリーズ初登板の先発・下柳が六回まで2失点でゲームをつくったことだった。星野は甲子園のファンの前で、「阪神のユニホームで会えるのは最後かもしれませんが、必ずいい報告をすることを誓います」と堂々のサヨナラ宣言をした。

甲子園での3試合をすべて1点差で敗れ、新神戸《しんこうべ》から新幹線で博多《はかた》に戻ったダイエーナインを迎えたのは、駅頭に集まった1万人を超える温かいファンの群れだった。その光景に、王を先頭に降り立ったナインは熱いものを感じていた。だが、阪神は甲子園で練習してからの福岡入り。星野はその後、別行動で福岡入りする。その王と星野の温度差が、その後の戦いを左右するとは誰も知るよしもなかった。

第6戦の先発は、第2戦と同じ杉内と伊良部だった。立ち上がりの不安定さを捉えた川《かわ》崎宗則《さきむねのり》のバント安打は動揺した伊良部の制球を狂わせ、井口の本塁打を呼んだ。三回もたずに降板した伊良部に代わった福原忍からも小気味よく得点を重ねる一方、杉内は桧山のソロ本塁打の1点に抑えてゲームをつくった。シーズン13勝をあげた伊良部だが、日本シリーズでは足でかき回されてその働きができず、20勝をあげた井川も本領を発揮できずに終わった。せっかくのいいムードを破壊したのは、伊良部の精神的な弱さを突いた、のちに日本代表で星野とともに戦うことになる川崎のちょっとした頭脳プレーであった。五分に引き戻したダイエーと逆王手を許してしまった阪神。勝負事には天の利、地の利、時の利というものがあるが、まさに地の利を得たダイエーに再び流れが移っていった。

第3戦と同じ和田とムーアの先発で始まった第7戦、明暗のすべてを分けたのは初回だった。立ち上がりの不安定な和田に対し、いきなり一番・今岡が中前安打で出塁。二番・赤星の送りバントの処理を和田がエラーして無死一・二塁。監督がサインを出しにくいクリーンナップに打順が回ってきた時、選手の意識一つでゲームの流れは変わってくる。結局、三番・金本が右フライ、四番・桧山の二塁ゴロ併殺打で0点に終わったのが痛かった。

当然、点が入るだろうと思っていた時に無得点に終わると、投手心理は微妙に動く。それが一番・村松のボテボテの三塁内野安打でさらに動揺する。抑えられたはずの打球が安打になってしまった時の精神状態に、敵地でのダイエーファンの熱狂的な応援もあいまって、ムーアは完全に追い込まれた。二番・川崎に四球を与えて無死一・二塁。三番・井口が三塁ゴロに倒れたあと、四番・松中の右中間二塁打が出て2点を先制した。この桧山、松中の〝四番の差〟がゲームを左右する。三回に井口、城島の本塁打で5点差に開くと、阪神は完全に戦意を喪失した。和田の前に2本のソロ本塁打に抑えられて、万事休す。

この結果には、〝誰かのために〟という思い入れのあるチームと、それができなかったチームの差が出ている。移動日の博多入りにしても、指揮官が先頭に立って、胸を張って入るのと、そうでないのではまったく違う。2連敗、3連勝をしながら流れを引き寄せられなかったのは、勇退を公言し、甲子園で練習をしてから移動した星野では、選手やファンから圧倒的な信望を集める王には太刀打ちできなかったのではなかったか。

03年の日本一を逃した〝最大の原因〟とは?

シーズン中の戦い方を踏襲した星野は、日本シリーズでは3度の苦汁をなめている。日本一を果たしていないことがトラウマになっているともいわれている。この年限りの勇退ということもあって、その焦りと執念がいつもと違う判断を生んだのではないだろうか。一方で、それまでほど勝負への強い執着を持っていないのではないかと、外から見ていて想像できた。初戦でシーズン20勝をあげた井川を中4日で登板させたいがために5回で降板させたり、第1、2戦で結果が出なかった四番・桧山を、左投手の和田が先発だった第3戦で六番に降格させながら、同じく左投手の杉内が先発だった第6戦で四番に戻すなど、采配面の迷いも目立ち、シーズン中の実績に頼った選手起用には焦りが見え隠れしていた。勝利の女神が最後まで微笑《ほほえ》まなかったのは、星野の非運の星のせいだったのか。

なかなか日本一になれなかった男の悲劇は、短期決戦でラッキーボーイを生かせない采配にあったように思えてしかたがない。熱さを前面に出して戦う男が、この年の日本シリーズでそれをやらなかったのは、勇退の理由であった健康上の理由か、それとも勇退の二文字が頭にチラついたためではないだろうか。

一番チャンスがあったと思われた03年の3度目の日本シリーズの戦いには、やはり日本シリーズ前にマスコミに漏れた勇退騒動が影響していたように思えてならない。マスコミ各社に話すより先に選手たちに話していれば、もっと違う戦いができたように思える。「マスコミも重要な戦力」と捉える星野流の落とし穴が、そこにはあったかもしれない。

それでも、過去3度の中で、最も積極的に動いた日本シリーズであった。この次には必ず何かをやってくれるという期待感も出てきた。星野が日本シリーズでの経験によって短期決戦の戦い方を学んだのは確かである。

日本シリーズ前に勇退を決意した〝本当の理由〟

阪神ナインのもとにショッキングなニュースが届いたのは、日本シリーズの直前のことだった。「星野監督勇退」。星野自身が新聞記者に認めたことも同時に伝えられた。

王は日本シリーズが始まる前、40人枠から外れた主砲・小久保裕紀を監督室に呼んでこう言っていた。

「無理をさせないためにも外すが、気がついたことがあれば、なんでもアドバイスしてくれ」

一方、星野は在阪スポーツ紙の虎番キャップを集めて勇退を示唆していた。星野の勇退が発覚したのは日本シリーズ開幕直前。本当に健康上の理由だけならば、この時期に報道されるわけがない。

王はこの知らせに、「うーん、この時期に、なんで……。でも、うちの連中は（親会社の経営不安で）ゴタゴタには慣れているからね。こういう時のほうがみんな燃えるんだよ」と平静を装った。

マスコミを通じて勇退を知った阪神のある中堅選手は、「健康上の理由で辞めるのならばしかたがない。ただ、マスコミに言う前に、俺たちに言ってほしかった。監督は一蓮托《いちれんたく》生《しょう》で行こうと言ったじゃないか」とベンチの気持ちを代弁した。

これまでにも日本シリーズ途中で解任報道が出た例はある。94年に巨人と日本一を懸けて戦った西武の森祇晶監督には、6戦目を前に解任報道が出た。「辞める監督が求心力なんか発揮できるわけがない。読売の陰謀だ」と嘆いたものだ。

選手には緘口令《かんこうれい》が敷かれ、重苦しい雰囲気の中で阪神は日本シリーズを迎えた。戦う姿勢以上の余分のプレッシャーが重なった。

初戦開始前、アテネ五輪日本代表チームの長嶋監督が福岡ドームにやってきた。王とがっちり握手し、笑顔で言葉を交わす。その後、バッティングケージの後ろにいる星野のもとに行き、肩に手をかけて労をねぎらった。モニターテレビに映し出されていた星野の目元は心なしか潤んでいるようにも見えた。

リーグ優勝を決めたあと、星野は久万俊二郎オーナーと会談している。さらにチームを強くするための補強案をめぐって意見を交換する中で対立が起きた。会談の場から出てきた2人の姿が写真週刊誌に撮られて記事になることがわかった時点で、みずから担当記者を呼び集めたのだ。このままなんとなく情報が漏れるのなら、これまで一緒に戦ってきた記者に先に知らせよう……そう決めたのは、星野のやさしさではなかったか。

勇退の表向きの理由は、「多くの持病もあり、監督という激務を続けるのは難しい」という健康上のものだった。これを額面通りに受け取ることはできない。「チームを強くするために、もっとカネをかけるべきだ」と言う監督と、経営効率優先で「あまりカネはかけられない」とする球団側との温度差はかねて大きかった。

星野は辞意を伝えたが、球団幹部は当初、深刻に受け止めていなかった。

勇退発覚はチームの士気に少なからず影響をおよぼした。02年の就任以来、星野はその強い個性と求心力でチームを引っ張ってきた。日本シリーズを最後にいきなりその人がいなくなるというのだから、選手たちがいつもと同じでいられるはずがない。指揮官自身も全身全霊で戦う闘志は自然と失われていったように見えた。

実績ある者に懸けた星野、勢いある者にチャンスを与えた王

「辞めていく人間が闘志をぶつけて戦うのは、しょせん無理な部分がある」と王は漏らしていた。このシリーズでの星野采配には、たしかに、非情なまでの厳しさよりも〝温情〟が多く見られた。

「シーズン中にチームのために働いてくれた人間を外すわけにはいかんやろ」

シリーズ初戦、両監督が思いを込めてスタメン起用した、ベテランの広澤克実《ひろさわかつみ》と、故障明けの村松の明暗がくっきりと分かれ、流れはダイエーにグッと引き寄せられる。その村松は1―2と逆転されたあとの四回にも中前安打を放ち、再逆転を演出している。「盆と正月が一緒に来たぞ」と大声を出す王の声に、ダイエーベンチはドッと沸いた。

マスコミが中継ぎに回った新垣を秘密兵器と書き立てる中、王は「もう1人、秘密兵器がいる」と言っていた。その村松の八番での起用がズバリ的中し、周囲は緊張も解けて明るさが戻っていた。

ダイエーベンチを驚かせたのは、五回を終わったところでの井川の交代であった。試合後、星野は「100球近くきとったしな。コントロールが悪かった。よく3点で抑えたね」と説明したが、シーズン中はめったなことでは井川を降板させなかった指揮官の焦りはいったいなんだったのか。次の登板を見越してのスタミナの温存だったのだろうか。

星野はこの年までに現役で2度、監督として2度、日本シリーズを経験しているが、日本一になったことは一度もない。それがコンプレックスになっているともいわれていた。勇退報道の中、なんとしても日本一にという焦りが、いつもより早いエースへの降板指令になったのかもしれない。

シリーズ前の会見で、「海の向こうでもすばらしい試合をやっていた。日本でもそれに負けない試合をやる自信がある」と星野は言っている。リーグ優勝決定戦の第7戦、ボストン・レッドソックスのエース、ペドロ・マルティネス（現特別GM補佐）の続投からヤンキースが同点に追いついた場面を見て、「継投は難しい。投手に名前と実績があると余計にね」と周囲に漏らしていた。

第2戦での先発に失敗した伊良部を、再び第6戦に起用したのも星野の〝温情〟を示す一例だ。もう一度チャンスを与えれば立ち直ってくれるという温情は、短期決戦には不要だったかもしれない。

大声を上げて選手を叱咤《しった》してチームを引っ張る姿もベンチではほとんど見られなかった。「甲子園の戦いでは仕掛けが早すぎたのかなと反省する部分はあるが、短期決戦の中では先制点がとにかく大事だから」と言って積極的に動いた王とは対照的に、星野には選手任せの采配が目立った。打線がなかなかつながらない中、なんとか1点差で3連勝できたのは、投手陣が踏ん張ってわずかなチャンスをものにしたからだ。打線が好調だった本来の阪神の勝ち方では決してなかった。

ただ、大声援を受けた甲子園での星野は、福岡とは明らかに様子が違っていた。第3戦では村松への死球をめぐって審判に猛抗議。サヨナラのチャンスで打席に向かう藤本には「嫁さんの前でエエ格好してこい」と耳打ちした。第4戦でサヨナラ弾を放った金本とはがっちり抱き合った。応援のあと押しを受けた星野の体で表現したパフォーマンスでチームはよみがえった。勝てたのは甲子園を埋め尽くしたファンのあと押しのおかげだと言っても言いすぎではない。

3連勝後の移動日、星野は甲子園で練習を行った。その後、選手たちは新幹線で敵地に乗り込んだが、先述のように、そこに指揮官の姿はなかった。空路での単独の博多入りだった。それは、少しでも長く縦縞《たてじま》のホーム用ユニホームを着ていようと思ったからではなかったか。

敵地に乗り込む時、先頭を堂々と歩く監督に従って歩くことで燃える選手も多いといわれるが、それが勝負にどう影響したのか。

「1年間戦ってきた評価が、最後の7試合で失われるわけじゃない」

敵地福岡で再び連敗し、星野はついに日本一になることなくユニホームを脱ぐこととなった。

最後の打者・沖原佳典《おきはらよしのり》のバットが空を切るのを見届けたあと、ロッカールームに選手を集めた。

「結果についてはしかたがない。選手諸君は本当によくやってくれた。ありがとう」

星野は続けた。

「1年間、きちんと戦ってきた評価が、最後の7試合で失われるわけじゃない。阪神は決して弱くないということだけは忘れないでほしい」

阪神を18年ぶりの優勝に導いた監督が、心ならずもユニホームを脱いだ。

星野は少しばかりの未練ものぞかせた。

「阪神を立て直していくための道筋はある程度つくれた。引き継いでくれる人がきちんとやってくれれば、いずれ本当に強いチームになる。頂点を極めるためには、まだまだやり残したことがあるけど……」

最後に、こんな言葉を口にした。

「俺の人生はいつも全力で走ってきたからな。たまにはゆっくりするのもいいかな」

阪神を常勝軍団に変えるために縦縞のユニホームに袖を通した。FAによる大型補強、26人の大量リストラなど大胆なチーム改革を実行した。そのために必要なカネは当然使った。その結果が18年ぶりのリーグ優勝と、わずか2年での監督勇退。次の指揮官は球団側に気を使い、まずは無理、無駄をはぶいていくことだろう。果たして阪神タイガースに星野イズムが継承されるのかという不安の声も聞かれていた。

王は優勝後に、次なる目標を口にした。

「選手がここにきて急激に成長してきているのを今年ほど感じたことはない。ウチの選手たちのすばらしさを再認識した。日本一になったのを機に、もう一度チームをつくり直して常勝チームにしたい」

次の目標を口にできる監督と、できない監督。「動の王、静の星野」。その差が03年シーズン最後の7試合の運命を分けた。

3度の優勝を中日、阪神で果たしながら、星野の退陣はつねに唐突な部分がある。辞めることで世間に報じられるよくない風評を封印してしまう勢いもある。

その一方で、辞めるにあたって、オーナーである加藤巳一郎、久万という重鎮2人、受け皿になる海老沢勝二NHK会長(いずれも当時)のもとを訪れて、事前に自分の進退を説明している。

あれだけのカリスマ性を持ち、GM的な動きまで平気でできる男は球界にはほかにいない。ダイエー球団社長を務め、99年4月、その年の日本一を見ることなく亡くなった根本《ねもと》陸夫《りくお》は「清濁併せ呑んで、オレのあとをやれる腹芸のできるヤツは星野しかおらん」と言って称えた。星野の退陣の中でそんな風評がついて回るのは、本人にとって痛しかゆしの部分があるかもしれない。

「いい形で次の人に受け継ぎたいという思いは、つねに思っている」

と口では言いながら、シリーズ前の突然の辞任も含めて、多くの謎を持っての辞任であった。その退陣への思いが戦いの執念の差に表れて、星野はまたもや日本一の栄誉を手中にする前にユニホームを脱いでいった。

団塊の世代を評して、ある人が言った。

「1000万人の競争相手の中から生き残るための闘争心がある一方で、じつは競争に弱い、群れをなすのが好き、それは大人数で育った者の保護本能なのかもしれない。自分が誠心誠意尽くしているのに、相手が誤解した見方をすると、説得するよりも短絡的に投げ出す自虐性を持っている」

球界のため、チームのために思ってやってきたことが受け入れられなかった時、星野はみずからの退路を断っていったのだ。泥まみれになる前の退陣だったと言っては言いすぎだろうか。

第5章

星野ジャパン「北京五輪出場」への軌跡

――星野仙一の戦略力［2007年・北京五輪アジア予選］

台湾戦に逆転勝利で北京五輪出場を決め、ファンの声援に応える星野監督（右端）ら日本チームナイン（2007年12月3日、台湾・州際野球場）

「最強の組織」をつくるための10カ条

長嶋茂雄が病魔に倒れて04年のアテネ五輪で無念のリタイアをし、王貞治が06年のWBC（ワールド・ベースボール・クラシック）で世界一になりながら、その年に大病を患った。高度成長期の日本の球界を支えた〝ON〟という二大巨頭が日本球界の代表的な監督の座から去ろうとしていたころ、その中心に立たなければならなかった男がいる。

北京五輪の野球日本代表監督、星野仙一である。

これまで球界は〝ON〟の声は天の声といわれた。2人の発言には誰も逆らうことができないほどの影響力を持っていた。オーナーたちのようなうるさ型でも、「ONが言うならしかたがない」と従うことが多かった。それはあくまで球界が巨人中心の時代だったからという前提があってのことではなかったか。巨人のV9時代を支えた2大スターのカリスマ性がそれを支えていたのだ。

その〝ON時代〟が終わりに向かい、群雄割拠の戦国時代になると、各球団にはそれぞれ個性ある指揮官が出現した。

だが、広岡達朗、野村克也、仰木彬、森祇晶ら戦前生まれの世代から、落合博満、原辰徳、伊東勤《いとうつとむ》（元西武、前ロッテ監督）ら昭和20年代後半〜30年代生まれの世代へと、二回り若返った。

その中で、ただ一人、両世代の中間で頑張っているのが、団塊の世代の代表者というべき星野だった。強烈な個性と強大な集金力、情報収集力は、球界では右に出る者がいなかったし、政財界との太いパイプや人脈もある。ONのあとを受けるには、うってつけの人物に白羽の矢が立った。

だが、中日時代に2度、阪神で1度と、計3度のリーグ優勝を果たしていながら、日本一の監督になったことがない。成績を見れば上の人がいる中で、「星野しかいない」となったのは、なぜだろうか。

強烈な個性のスター軍団をまとめあげるには、指揮官がさらに個性的でなければうまくいかない場合が多い。そして、うるさ型の球界上層部を黙らせるための迫力と実行力が必要になってくる。だが、ONのように絶対的な実績と、巨人という大きな後ろ盾がない。

そのために、北京五輪の監督を引き受けた時に最初に気づかったのは、前監督の長嶋のことであった。結局、相談役をお願いすることで全面的なバックアップを得ている。また、12球団のキャンプ地視察では、王率いるソフトバンクを一番先に訪問して敬意を表している。そして、球界に隠然とした力を持っている読売グループ本社代表で読売ジャイアンツ球団会長（現名誉顧問）の渡邉恒雄とのパイプづくりを行い、全面的なバックアップを受けている。こうした心づかいや配慮ができるから、上司にかわいがられ、部下にも慕われることになるのだ。

台湾で行われた北京五輪アジア予選の試合中継の視聴率は30％を超えた。しばらく遠ざかっていた「理想の上司ランキング」のベスト3に星野が復活したのはいうまでもない。

中日、阪神での監督経験を生かしながら日本代表をまとめあげる手腕について、箇条書きにしてみるとよくわかる（チーム名は当時）。

①有言実行で部下を引きつける
合宿中に超一流の宿舎や食事などを提供することで、監督の実力と威厳を示す。

②リーダーを明確にしてまとめ役をつくる
キャプテンに宮本慎也《みやもとしんや》（ヤクルト）、投手のリーダーに上原浩治（巨人）を指名し、その役割を全体に認識させる。

③強力なバックとコネで集金力を持つ
スポンサー筋や後援団体への配慮を欠かさない。

④若手のプライドを大切にする
ＷＢＣで世界一を経験した者には、その体験を生かせるよう配慮。主力投手は若い世代のプライドに配慮した布陣にする。

⑤マスコミの批判には動じずにプランを実行する

四番・新井貴浩《あらいたかひろ》（予選時と現在は広島、本戦時は阪神）の不振に対する批判にも動じず、四番という打順を動かそうとしなかった。

⑥OBたちに配慮することでバックアップ態勢を確立する

アテネ五輪監督の長嶋、WBC監督の王への配慮と気づかいを忘れない。

⑦報奨金の確保で選手のプライドをくすぐり、やる気を引き出す

プライドだけでは人は動かない。その代償である金銭を確保するために奔走した。

⑧ライバルチームの情報を収集する

福田功《ふくだいさお》ら腹心のスコアラーを派遣して情報収集に動いた。

⑨適材適所による人の使い分け

人脈を駆使して人材を集め、ベテランと若手の使い分けを行った。

⑩監督を支える補佐役には腹心を据える

大学時代からの親友である田淵幸一ヘッド兼打撃コーチ、山本浩二守備走塁コーチを配し、強固なサポート体制をつくった。

選手のプライドを重視し、一流として扱うことで、一球団の監督時代とは違う方法で選手の気持ちをまとめた。それは、代表選手に対しての遠慮ではなく、代表としてのプライドを高めることで責任感を持たせたのではなかったか。

こうしたやり方に結果がついてきた時、選手の自信につながっていく。これは代表選手の働きぶりを見ればわかろうというものだ。

世の中を見ると、不況、不条理、腐敗が蔓延《まんえん》し、判断材料のすべてがカネしだい。義理や人情というものがどこかへ飛んでいってしまい、世知辛《せちがら》い時代になっている。右を向いても左を向いてもいい話はまったくないし、自己保身と金銭腐敗の中、政治も経済も自主性を失い、アメリカの言いなり。方向性を失っている世の中で、人々に勇気を与えられるのがスポーツである。

アジアの中ですらその地位を失いかけている日本で、星野ジャパンがアジアでナンバーワンの栄冠を手にした時、人々に勇気を与えることができたし、明るさが出てきた。

プロ野球というのは、たんなる勝ち負けを争うゲームではなく、〝社会、世相を映す鏡〟ともいわれている。だからこそ、忘れられている自信を取り戻し、将来への夢の実現を目指すことにより、星野ジャパンはみんなに勇気を与えてくれたような気がしてならない。

08年3月31日、超高校級の大物ルーキー・中田翔《なかたしょう》（日本ハム）などを加えた北京五輪日本代表チームの第一次候補選手77人が発表された。最終的に24人にまで絞られるが、個性あふれる選手が多い。これをどのように生かすか、一流半だった現役時代から、超一流の指導者になるまで、星野がどのような道筋を歩んでいくかの試金石が、北京五輪にはあった。還暦を過ぎての挑戦に拍手を送りながら、じっくり眺めてみたい。

なぜ、阪神は星野にSD職を与え続けたのか？

星野の体調不良による突然の阪神監督辞任によって、チームは岡田彰布に引き継がれていった。野村克也の遺産といわれながらも、18年ぶりの優勝に導いた功績は大きい。そこで与えられた名称がＳＤ（オーナー付シニアディレクター）という聞き慣れない肩書であった。チームを構成していくうえでのアドバイザーということだが、球団にしてみれば、なんらかの形でかかわっていてほしいし、アドバイス料の形で優遇するためには、なんらかの名目が必要だったような気がする。

久万俊二郎元オーナーは、星野の補強についての球団幹部への説得力について、こう説明した。

「じつに具体的に簡潔明瞭に指摘する。こういう選手が、いま、なぜ必要なのか、そのためにはいくらかかって、どのようにすればいいか、その結果、チームはどのように変わっていくかまで、じつに具体的に説明する。それまでの監督には、〝なぜ〟という部分と、そのためには〝どのくらい〟という具体性が欠けていた。そりゃ、人のやることだから、成功するかしないかは別。私どもとすれば、理由がはっきりしていれば納得できる。それを具体的に示してくれたのが星野はんですわ」

以前、ソフトバンクのフロント幹部が、「プレゼンが上手《じょうず》な連中ばかりが出世して、情が入り込む余地がない」とこぼしていたが、星野のプレゼンには情の部分も絡んでくるから、古い体質の経営陣も納得させられてしまうのだ。

名前ばかりのSDという役職に見合う報酬を与えるということになると、経営統合した阪急が黙っていないだろうが、黒字経営の球団に対してのチェックは入りにくい。しかも、星野がそれなりの業績を上げた人物となると、余計に口を挟めない。

阪神に来て、1年目のシーズンを終えた時の改革は並大抵ではなかった。26人の大量解雇と血の入れ替えをやった実績もある。そして、その結果、優勝に導いている。それは何にも代えがたいものである。大企業の多くが経営アドバイザーや顧問コンサルタントに相談することで方向性を正しく見ているように、阪神の編成面、補強面などの正しいアドバイスを星野にしてもらいたいという思いがあったのだ。それだけではない。なんらかの形で阪神という球団に対してかかわりを持つことで、関西での星野の人脈の流出を恐れ、人気を守ろうとしたのではなかったのか。

編成、補強は戦力を維持していくためには必要なものであるが、目に見えない部分に価値がある。これをカバーしていくのが人脈である。電話一本で情報が得られる星野の力が、編成のプロがいなくなった時には必要になってくる。この部分でのアドバイスができる人材が星野であった。それに対しての金額の評価とはまったく別のところで株主にきちんと黒字配当があれば、誰も文句は言えないのだ。

〝常勝軍団・阪神〟に息づく星野の遺伝子

星野ＳＤの主な仕事は、チームが強さを維持するための補強や、外国人獲得のための調査報告を、月1回、定例会議に報告書として提出していけばいいというものである。いわば非常勤取締役といったところか。

その効果のほどは、となれば、星野退任後の成績を見ればわかる。岡田監督就任後の04年と真弓明信監督就任後の09年こそ4位とＢクラスに転落したが、その後、05年の優勝、06年の2位、07年の3位、08年の2位、10年の2位とＡクラスを維持したのは、編成面での強いアドバイスがあったためと見るべきではないだろうか。優勝後の退陣の年こそ通常のシーズン中の補強戦力でしか動いていなかったのだが、その後、優勝に貢献したスカウト、スコアラーの整備・充実を考えると、補強に必要な裏の部分のアドバイスがあったと考えるられる。

選手編成の高齢化を防ぐ形をつくるために手っ取り早いのが外国人の獲得である。阪神の場合、結果はともかく、早い時期からの新外国人獲得の動きがある。他球団よりも早く決定する裏には、星野ルートによる独特の人脈づくりが生きているのだ。

星野はシーズン中にも何度かアメリカのマイナー・リーグの調査に出かけている。そのパイプがオフの外国人獲得に生きてくる。05年のダーウィン・クビアン、06年のクリス・オクスプリング、07年のライアン・ボーグルソン、エステバン・ジャン、08年のスコット・アッチソン、09年のランディ・メッセンジャーと、外国人投手を補強しながら若返りを図ろうとしている。発掘した人材が伸びてこないことに批判の声もあるが、それは現場と編成部門の間にある葛藤のせいであり、それがそのままSDの責任ではない。

05年の優勝は、星野のもとで優勝を果たしたメンバーがそのまま残って結果を出したためである。金本知憲、矢野輝弘、下柳剛の40歳トリオをはじめ、生え抜きのチームリーダーの桧山進次郎、今岡誠も衰えを見せている。故障やケガが多くなってきていることも確かだ。こうした部分をどのような形で若返りをさせる青写真を描いていくかも星野の残された仕事になってくる。それとは別に、星野が球団とかかわりを持っていることで安心感を持つアマチュア関係者が多いということを考えた時、岡田と並ぶ阪神のもう一つの顔として果たした役割は大きいのではないだろうか。

星野が代表監督就任を望まれた〝本当の理由〟

アテネ五輪の監督を任されながら、本大会を前に病魔に倒れた長嶋。その無念さを考えた場合、なんとか次の北京五輪では現場復帰をと願って周囲も関係者も動いていた。しかし、その後ろ盾になっていた全日本アマチュア野球連盟の長船《おさふね》騏郎《きろう》会長の死去により、事態は一変してきた。

野球日本代表は、初めてプロが参加したシドニー五輪以来、金メダルに届いていない。公開競技で始まった84年のロサンゼルス五輪では金メダルを獲りながら、その後は、ソウル五輪の銀、バルセロナ五輪の銅と尻すぼみの状態であった。野球王国・日本の威信を懸けたアテネ五輪では、肝心の長嶋が病魔に倒れるというアクシデントに見舞われてしまった。代行監督の中畑清《なかはたきよし》ではやはり荷が重かった。長嶋のあとを受けたのはソフトバンク監督の王。ＷＢＣの日本代表監督に任命されてチームを世界一に導いた。

北京五輪に向けて懸命にリハビリに励む長嶋には、それが一つの生きがいになっていた。それだけに、安易に交代もできない中で、時間は迫っていた。長嶋の回復度合いを考えれば、予選を現場で指揮するには物理的に無理がある。また、王監督もソフトバンクの監督との兼任は難しいうえに、シーズン中に胃の全摘出手術を受けた体では無理がある。王、長嶋の〝ＯＮ〟が支えてきた世代の次のリーダーとなれば、団塊の世代のカリスマ・星野しかいない状況になってくる。長嶋、王に次ぐリーダー不足が、還暦を迎える星野に白羽の矢を立てさせたのだ。

全日本アマチュア野球連盟にとって、何よりも長嶋を柱にしたかったのには理由がある。長嶋の名前はスポンサーを集めるためには絶対的な力を持っている。これが日本代表を維持していくうえで一番大事なこと。だから、長嶋を相談役に祭り上げることで、次期監督がスポンサーから支援を受けるためのお墨付きが必要になってくる。事実、代表監督に星野の名前が挙がった時に、ある広告代理店筋が、星野でもスポンサーになってくれるかどうかを確認している。

もちろん、スポンサー筋も異存がなかったこともあり、すんなりと星野の監督指名が理事会で諮《はか》られ、満場一致で決定した。代表監督は、いかにスポンサーを集められるか、集金能力があるかどうかにかかっている。その能力がＯＮに比べて遜色ないのは、星野以外に考えられなかった。

次期監督に星野が決まったという知らせに、長嶋は「えっ」と絶句した。星野は承諾以前に、「長嶋さんは知っているのか」と気づかった。球界では、まだまだＯＮの後ろ盾なくして全体をまとめることはできにくいといわれている。だから、星野にすれば、引き受ける以上はすんなりした形での挙党体制を敷きたかったのである。

そこで持ち上がったのが、長嶋に相談役もしくは顧問という形で北京五輪に来てもらうという案。星野がその案を持って長嶋を訪れることで引き継ぎの儀式が行われた。アテネから北京への監督の移譲は、長嶋から星野への引き継ぎを自然な流れにすることで筋を通したのである。

筋を通すことの大切さは、明大の監督だった島岡吉郎からイヤというほど教わっていた星野にしてみれば、ごくごく当たり前のことだが、大事なのはこれを実際にやれるかどうかだ。人はついつい目の前のことに気を取られ、先人の苦労をないがしろにしてしまうために失敗することが多い。イの一番に何をしなければいけないかを瞬時に判断できる能力が、星野の賢さの一端ではなかったか。

〝お友だち内閣〟への批判に対する答え

監督は孤独な職業。しかも、寄せ集めのスター軍団を維持するためには、戦う以前の細かい配慮が必要となってくる。そうなった時に、そばにいてくれる人物は誰がいいのか。気心が知れて、昔から冗談を言い合える仲間の存在なのか、自分のことを熟知してくれていて、思いっ切り叱れる部下なのか。

還暦を迎えた男にとって、やはり、そばに置いておきたいのは気心が知れた、冗談を言える仲間ではなかったか。まず選ばれたのが、「仙ちゃんのためならば、たとえ火の中水の中」と公言する同世代の田淵コーチ。だが、彼だけでは盛り上げ屋で終わってしまう可能性がある。そこで、もう一人の仲間で、お互いに認め合いながら、決して自分の前には出ようとはしない山本コーチに協力を求めたのである。

球界を含めて、昭和一桁台の戦中派、そして昭和10年代生まれの焼け跡派といわれる人たちがやたらと元気がいい。球界のみならず政財界でも実権を握っている。1000万人といわれる団塊の世代も、ややもすると次世代の昭和30年代生まれに置いていかれかねない状況が現実に起き始めている。それを食い止めるためにも、団塊の世代の頑張りを見せることで世間の支持を得ようとしている部分もあった。

田淵、山本の起用で当然起きてくる〝お友だち内閣〟に対する批判には大義名分が必要だった。その一枚岩をきちんと守り通すことで世間の批判を避け、気心の知れた仲間を集めることで鉄壁のコーチ陣を築き上げたのだ。

そうなると、問題は投手コーチ。同世代には東尾修、山田久志、村田兆治《むらたちょうじ》（ロッテ）という逸材がいたが、紆余曲折《うよきょくせつ》があった。その結果、アテネ五輪を知る唯一のコーチとして、献身的に働くことで知られ、NHK解説者として全国に通用する顔を持って誰からも好かれている大野《おおの》豊《ゆたか》を起用することで全体を丸く収めている。五輪のコーチ枠は3人と決められている。全体のバランスを考えた時、真面目な大野を入れることで安定感を保とうとしたのだ。元広島の大野だったら、広島の先輩である山本の言うことは絶対に聞くというしたたかな計算もあった。

その一方で、星野はコーチの3人とつねに一緒に行動している。それは、首脳陣が一枚岩であることを世間にアピールすると同時に、4人という人数が麻雀《マージャン》、ゴルフなどに行く時に都合のいい人数であり、ストレス発散の場になるという思いもあった。代表監督は、名誉はあっても金銭的な潤いは現役時代に比べれば少ない。ストレスがたまる一方で、せめてグラウンド以外は気心の知れた連中と過ごしたい、という思いに駆られるのも当然である。それが機能してグラウンドに集中できたのは、盛り上げ屋に徹した田淵と、忠実な家臣を演じた山本の存在があったからにほかならない。

コーチを任命する時、星野は田淵、山本に余分なことをいっさい話さなかった。「わかっているだろうな」の一言ですべてが通じている。星野はコーチ陣について、「一緒に苦労して、同時代に生きてきた連中だから」としか言わない。気心の知れた男には余分な言葉はいらないということなのだろうか。

アテネ五輪の時の長嶋は、中心となる中畑以外のコーチ人事を連盟に一任していた。WBCの時の王はすべてを日本野球機構に任せっ切りだった。だが、星野は引き受ける条件の一つとして、コーチの人事権を最初に要求している。労多くして実りが少ない五輪監督だけに、せめて気心の知れた仲間と気持ちよく戦いたいというのが本音かもしれない。

「宮本キャプテン続投」の決定で見せた、きめ細かな配慮

日本代表チームは各球団から集めたスター軍団だけに、起用法にも気を使わなければならない部分が出てくる。

星野のチームづくりは、アテネ五輪を経験した年長者の宮本慎也をキャプテンに、上原浩治を投手陣のリーダーに指名することから始まった。

選手の人選を進める中で、星野はWBCでの日本代表チームの状況をリサーチしていた。そこで何人かの関係者から、「あのチームは宮本がいなければ空中分解していた」という話を聞いている。宮本の人望、その歩んできた道、それらを調査した結果、星野はその存在の大きさにあらためて気づいた。そこで、彼にイの一番にキャプテンとしての権限を与え、チームのまとめ役に徹してもらうことで、首脳陣と選手のパイプ役を頼んだのだ。

WBCではキャプテンといわれながら、明確な権限を与えられなかったことで、行動に

も制約があった。そのことをしっかり掌握していたからこそ、星野はキャプテンとしての明確な役割を託したのである。人にものを頼む時に、その立場を明確にしてやることで、選手やコーチは動きやすくなる。それをキャプテンの肩書を与えることできちんと示した。野球知識では一目置《いちもく》かれる宮本と、ピッチング技術では誰もが格上と認める上原を中心に据えることで、チームから噴出する不満は消えていったのだ。

星野と同じ明大出身で、アラスカのマッキンリー登山中に行方不明となり、国民栄誉賞を受賞した冒険家の植村直己《うえむらなおみ》氏は、北極を犬ぞりで横断した時、いかにリーダー犬を押さえるかによって、その横断が成功するか、しないかの判断ができたと生前に語っていた。リーダーの資質の見きわめという部分をしっかり押さえたことで、星野ジャパンが成功する確率は50％以上に高まったのではないか。

星野ジャパンのスタッフィングでは、日本人好みの情をしたたかにくすぐって権限を委譲することで、各人の明確な立場をつくっていったのだ。

12球団からの〝雑音〟に、どう応えたか？

コーチである田淵、山本、大野とともに12球団を回って歩いた星野は、全球団から代表選手を平等に選出することは考えていなかった。協力は要請したものの、ターゲットになっているのは数球団に絞られていた。

ロッテのボビー・バレンタイン監督は協力派で、8人もの選手が選出されたWBC同様に、何人でもかまわないと了解していた。ソフトバンクの王監督も、「選ばれて国際試合に参加することで大きくなれる」と言って、選ばれるほどの選手になるようナインに指示を出していた。巨人も親会社の読売新聞社が北京五輪を応援するということもあり、積極的な選出については文句を言わないはずだ。阪神、中日も古巣ということで、文句を言いながらも選出を惜しまないはず。日本ハムもダルビッシュ有の選出には協力的、元来、五輪志向が強い西武も涌井秀章の選出を歓迎することで追随している。こうなると、一見、12球団が一致した協力態勢に見えるが、それが一致と言いがたい球界事情もある。

巨人などは、セ・リーグ最多安打のアレックス・ラミレス（前ヤクルト、現DeNA監督）、セ・リーグ最多勝投手のセス・グライシンガー（前ヤクルト）、160キロの速球で注目を集める抑え投手のマーク・クルーン（前横浜）といった外国人を〝総取り〟した07年オフの大型補強について、8月の北京五輪が背景にあると明言している。小笠原道大《おがさわらみちひろ》、（現中日二軍監督）谷佳知《たによしとも》、阿部慎之助、上原浩治、高橋由伸など、主力野手のほとんどを持っていかれる可能性があるチーム事情の中で、早めに手を打った形だ。

中日の落合博満監督は、北京五輪の期間中は暫定的に外国人枠を1名増やすことで戦力補充ができないかと提案し、実行委員会で承認されている。荒木雅博《あらきまさひろ》、和田一浩《わだかずひろ》、井端弘和《いばたひろかず》、川上憲伸、岩瀬仁紀、谷繁元信《たにしげもとのぶ》など、ごっそりと抜ける可能性があるメンバーを補充するための提案だった。それに備えてか、すでに井端、荒木の代役として期待されるドミニカ共和国出身の新外国人トマス・デラロサ内野手を獲得している。

ソフトバンクがオリックスとの二重契約問題というリスクを冒してまでジェレミー・パウエル投手（前巨人）を獲得したのも、五輪で抜ける可能性がある杉内俊哉、和田毅を補う戦力という形ではなかったか。

人選については、基本的には07年12月に行われた台湾での予選に出場したメンバーが主体になってくることが大前提だ。「台湾での予選を勝ち抜いたメンバーが中心になるのは当然。それが筋やろ」と星野が語っていた通り、予選メンバーを2～3人入れ替えるだけという順当なところであった。

「星野という男は、一緒に苦労してきた連中を大切にする。予選を苦労して戦った連中を無下にしないはず」

と球界関係者が大幅な交代がないことを示唆した通りとなった。

国際試合では、中途半端な長打力よりもバランスが重視され、２つ以上のポジションを守れることも重要になってくる。選手登録枠24名、監督・コーチ枠４名の28人という限られたメンバーで、10日間で6試合を戦わなければいけないハードなスケジュール。加えて、ペナントレースの激しい戦いで故障が心配される選手も多い。そんな中での人選は、「そう簡単にいくものではない」（山本コーチ）といわれる。

また、星野も「基本はあくまで予選のメンバーだが、2〜3人の入れ替えはあるはず」と明言した。

松坂大輔《まつざかだいすけ》（西武→レッドソックス）が抜け、黒田博樹《くろだひろき》（広島→ドジャース）が抜けた日本投手陣で、国際経験が少ない若手が中心になっているだけに、ここは海外で通用するといわれる下手《したて》投げの渡辺俊介《わたなべしゅんすけ》（ロッテ）は欠かせないだろう。

打者では、福留孝介に代わる巧打者として、小笠原、高橋由伸も当然、代表に名を連ねるべきという声もある。パワーとスピードのバランスが取れた選手によるスモールベースボールが功を奏したアジア予選とは違い、五輪本番での欧米との戦いではパワーも無視できない。内外野を守れる森野将彦《もりのまさひこ》（中日）に代わり、WBCで王監督に長打力を評価され、トレードでソフトバンクに迎えられた多村仁《たむらひとし》（現仁志《ひとし》）の選出も予想される。

阪神時代に一緒にチームづくりをしたうちの一人はこう言っていた。

「監督にすれば、大きな名前の選手よりも、資質があって、監督のため、日本のためにと、がむしゃらにやる鉄砲小僧が好きなんだろうけどな」

シーズン中に行われる北京五輪だけに、代表チームの思惑だけで人選を進めるのは難しい中、星野のカリスマ性と手腕の見せどころとなってくるのだ。

第2戦での打順変更に見る星野采配の凄み

国際試合で大量点を奪うことは、まず不可能に近い。四番の一発頼みの野球では、勝つことはなかなか難しい。初めてプロが参加するようになったシドニー五輪でも、四番の存在は意外と目立たないものになっていた。

星野いわく、「四番を4番目の打者と思えるかどうか」ということになってくるが、結果的には、日本代表の四番は新井貴浩が任されることになった。小笠原、高橋由伸らの四番候補が故障で外れたことで新井にお鉢が回ってきた形だが、これも星野ジャパンにとっては好都合だった。

四番・新井といっても、07年は28本塁打を放ってはいるが、決してホームランバッターではない。36本塁打を放ったセ・リーグ本塁打王とはいえ、若さが見え隠れする村田修《むらたしゅう》一《いち》（横浜）では荷が重いし、捕手の阿部では守備の負担で荷が重いというところから消去法で決まった四番である。だが、これが結果的に功を奏した。

星野は、基本的には打つだけの選手を好まない。つなぎの野球を身上とした選考になっていった点が強みだ。

「好投手に当たれば、基本的には打てってこない。コツコツとつないで相手にプレッシャーをかけていく野球をやるしかない」

そのために、アジア予選では足を絡めた攻撃ができる選手を中心に選出した。日本代表の台湾、韓国戦のオーダーは、WBCを経験した一番・西岡剛《にしおかつよし》（ロッテ、当時の登録名はTSUYOSHI、現阪神）、二番・川﨑宗則（ソフトバンク）、三番・青木宣親《あおきのりちか》（ヤクルト）といった、足が速い〝イチローチルドレン〟といわれる選手たちであった。

西岡、川﨑の一、二番でいくのか、中日の53年ぶりの日本一への原動力となった荒木、井端の一、二番コンビでいくのか、いずれにしても、圧倒的な長打力で相手を脅かす巨人型の野球ではない。なんとしてでも塁に出て、足でかき回したいという星野野球の本音が見え隠れする。

初戦のフィリピン戦は、一番が西岡で、なんでもできる井端を二番に、川﨑を九番に置いた。一番へのつなぎ役として、どこからでも足を使った仕掛けができる打順である。球界最高の二番打者の井端を二番に据えることで、三番・青木へのつなぎ役を果たすのは間違いないが、荒木―井端のコンビで生きてくる阿吽《あうん》の呼吸も西岡―井端のコンビではしょせん無理。技術的なことではなく、西岡と同世代で仲のいい川﨑を九番に置いて川﨑―西岡のコンビにしたほうがよりつながりが出てくる。だから、かつての日本代表と比べて小粒といわれる選手ばかりが集まっていながら、それが機能したつながりが功を奏したのである。

「監督は、じつに人の動きを敏感に捉えている。人間関係をよく分析している。そこに田淵コーチが血液型の相性を持ち出してくるから面白い」

スタッフの一人はそんなことを言っていた。

「機動力×人間関係」＝「世界一への方程式」

２戦目からは西岡、川﨑、青木の快速トリオが出塁して新井、阿部、村田につないでいくというオーダーが固定された。一発狙いは３戦目で八番を打った里崎智也《さとざきともや》（ロッテ）ぐらいで、八、九番を打った大村三郎《おおむらさぶろう》（登録名はサブロー）も、ロッテでは四番を打っているが、一番としての経験も豊富な〝つなぎの四番〟といわれ、シーズン中も四番としては異例の20個の犠打を記録した選手。四番打者に君臨してバント経験がほとんどない選手にはスクイズのサインなど怖くて出せないが、ロッテのバレンタイン監督は四番の大村に対しても平然と犠打のサインを出す。巧打者の大村だからこそ、台湾戦で大量得点の口火を切ったスクイズが可能だったのだ。

誰もが走者を返そうという肩に力の入ったバッティングをしていないから、余分なプレッシャーがかからない。「次の打者につなぐことしか考えないで打席に立った」と長距離打者の村田でさえ言うのだから間違いない。

「本塁打というのは一発で流れを変える効果があるが、そこで流れが止まってしまう。相手投手にとってはみれば、単打でつながれるほどイヤなものはないはず。おまけに、外国人投手の場合、日本人のように器用でないし、クイックが下手《へた》。塁に出ればいくらでもかき回せる」

田淵コーチはオープン戦の時から、「一発よりも逆方向を狙え」と口を酸っぱくして言っていた。星野は足でかき回すスモールベースボールに徹していたのである。

近年、メジャー・リーグでも日本でも、短期決戦を制するのはスモールベースボールだと言われている。07年に日本一に輝いた中日にも、12球団一といわれる荒木―井端の一・二番コンビがいた。松坂の活躍で世界一に輝いたレッドソックスにも、ジャコビー・エルズベリー（現ヤンキース）、ケビン・ユーキリス（のちに楽天）の一・二番コンビが機能してクリーンアップにつなぐ野球が功を奏していた。数少ないチャンスに右方向に打つことでつないでいく野球をやることで、チャンスをつかんでいきたいと考えているのではないか。

星野には、投手を中心とした守りの野球で世界一への風穴を開ける心意気である。星野は戦いの結果についてこう言う。

「メジャーのパワーに対抗して長打力で戦おうなんて絶対に無理。日本人の体質に合った野球をやることで十分に活路が見えた」

涌井秀章《わくいひであき》（西武）、成瀬善久《なるせよしひさ》（ロッテ、現ヤクルト）、ダルビッシュ有《ゆう》（日本ハム）という若い先発陣を藤川球児（阪神）、上原、岩瀬の中継ぎ、抑えで支えていけば、失点の可能性はそうない。だからこそ、少ないチャンスを生かし、確実に点を取れる野球をするために守備力が重要になる。広い球場で行われる北京五輪本番を考えれば、守備力の高い青木、大村、稲葉篤紀《いなばあつのり》（日本ハム、現日本代表監督）という外野陣も大きな意味を持ってくる。走れない、守れない選手は不要となるのだ。

日本代表は初戦のフィリピン戦は10対0（七回コールド）と圧勝したものの、韓国戦は4対3で辛勝。10対2で勝った台湾戦も七回までは接戦で、最終的な点差以上にハラハラドキドキの戦いであったが、その中での戦いは、テレビの野球中継で史上2番目という視聴率が、星野采配が多くのファンを魅了したことを示している。

〝短期決戦を制するのは守りから〟という鉄則を重視したスモールベースボール、そして人間関係の機微を熟知した起用法への心憎い配慮が、星野ジャパンのメダル獲りの方程式だったといえるだろう。

涌井、成瀬、ダルビッシュ……若手を先発起用した真意

星野の選手起用の巧みさは、どんな考え方から生まれているのか。

日本の代表選手ともなれば、それなりにプライドが高い。そんな中で、誰を中心に置くか、どのような配置で先発投手の順序を決めていくかが、のちの戦いに向けての微妙な問題になってくる。

07年12月に台湾で行われた北京五輪アジア予選の対戦順序は、1日のフィリピン戦、2日の韓国戦、3日の台湾戦。予選リーグから勝ち上がってきたフィリピンは、日本、韓国、台湾のシード3カ国に比べて力が一枚も二枚も落ちる。だが、星野は初戦の大事さを一番よくわかっていた。

先発を川上に託すのか、それとも若手の涌井、成瀬、ダルビッシュでいくのか。星野の決断は早かった。

「実績があり、結果を出している投手を交代させるのは、いろいろと難しい部分がある。それなら、思い切って交代させられる若手のほうが効率的だし、チームにプレッシャーもかからない。小林《こばやし》（宏之《ひろゆき》、ロッテ、のちに抑えに転向）や川上はロングリリーフでも十

分に力を発揮できる。そうすれば、岩瀬や藤川も、抑えの上原につなぐためのワンポイントとして十分に機能させられる」

星野が監督として初めて日本シリーズに出場した88年、対戦相手の西武はエース・東尾を中継ぎに起用することで、若手の渡辺久信《わたなべひさのぶ》（現シニアディレクター）、郭泰源《かくたいげん》（のちに台湾代表監督）、工藤公康らが生きいきと動いていた。その実体験から、星野は短期決戦におけるロングリリーフの大切さを熟知していた。先発する若手のあとにくるロングリリーフが勝負のカギを握ると思っていたのではなかったか。

実際、韓国戦での成瀬、川上、岩瀬、上原という絶妙な継投が星野の方針を示している。そこには接戦になることへの覚悟があったのだ。

第1戦・フィリピン戦……ダルビッシュではなく涌井を選択した理由

初戦の先発は涌井。左打者がスタメンに名を連ねることが予想される第2戦の韓国戦に左投手の成瀬を、というのは容易に想像がつく。だが、プライドの高いダルビッシュを初戦に起用しないことに対して、星野がどのような言葉で納得させるかに興味があった。

04年11月のアテネ五輪アジア地区予選で、長嶋監督は初戦の中国戦にエースの上原を起用して、チーム全体に初戦の大切さを伝えている。

「初戦は一番大事だから頼む」

上原自身も「勝って当たり前と言われる中で投げることほどプレッシャーがかかることはない」とのちに語っているように、初戦に先発するプレッシャーは並大抵ではない。

戦力的に劣る相手でも何が起こるかわからない国際試合の中で、ダルビッシュではなく涌井を起用したのは、名門・横浜高校で数々の大舞台を経験して培われた涌井の物怖《ものお》じしない性格が初戦に最適と判断したからだ。

第2戦・韓国戦……「成瀬—川上」の継投に見る星野采配の真骨頂

第2戦で対戦する韓国は強敵である。06年のWBC予選でも、日本は1次リーグ、2次リーグともに敗れている。アジア予選で敗れれば北京五輪への出場権獲得が08年3月の2次予選まで持ち越される中で、あえて若い成瀬の起用に踏み切ったのは、クライマックスシリーズで見せた成瀬の安定性と、簡単にストライクが取れる投球術ではなかったか。そして、左の強打者が多い韓国に対して、何よりもボールの出どころがわかりにくいという利点を買ったのではなかったか。

それでも、若い成瀬が韓国応援団の大歓声に飲み込まれてしまうのではないかという不安はあった。

それを考慮した星野は、大野投手コーチにあえて「川上を初回から用意してくれ」と準備させていた。つまり、先発投手を二重に用意していたのだ。

ベテランの域に入る川上を先発させた場合、序盤に交代を命じるのは、プライドがあるために難しい。だが、若手の成瀬なら簡単に交代させられる。「先発は若手でいく」と公言したのは、万が一の事態に準備をしておく必要を見越していたからだ。

「後ろに川上が控えているから、最初から全力でいけ。何も恐れることはない」と言って送り出せば、彼らは何も気にすることなく、けれんみのないピッチングを見せてくれるであろう。それは、中日、阪神の監督時代から若手起用に真価を見せた星野流の見識ではなかったか。

起用されるほうも気が楽、起用するほうも踏ん切りがつけやすい。それが早めの継投につながった。これは、星野イズムがきちんと大野コーチに伝わっていたからこそできた芸当だった。

第3戦・台湾戦……ダルビッシュを奮い立たせた〝一言〟

問題はダルビッシュが先発する第3戦の台湾戦。第1戦から外された彼になんと言って送り出すかがカギになってくる。ライバル心の旺盛なダルビッシュが、涌井、成瀬の後塵《こうじん》を拝することに何を思うのだろうか……星野はそれに対する気くばりをさりげなくやった。投手出身監督だからこそできる配慮だ。

ダルビッシュに第3戦の先発を告げる時、星野は、

「優勝投手はお前だ。頼む」

と言った。のちに田淵コーチは、「第3戦を頼むとは言わずに、優勝投手はお前だと言ったのが監督のすごいところ」と語っていた。この点で、ダルビッシュももちろん異存はない。優勝投手は自分しかいないと言われたことを意気に感じている。だから、ダルビッシュはキッパリと言った。

「監督、しっかりやります」

と。人の気持ちを鼓舞するために、何を言って、何をすればいいのか、星野はそれを熟知していた。そしてそれを実行した。アジア予選3試合の先発は、こうして決まったのだ。

「四番・新井」への絶対的信頼が生んだチームの一体感

フィリピン戦で結果を出したのが、〝史上最低の非力な四番〟といわれた新井だった。打線のパワー不足が叫ばれる中での四番の先制三塁打がチームのムードを和らげた。

格下相手の試合で初回を無得点で終われば、チームのムードは悪くなるし、焦りにもな

り、四番・新井に対するプレッシャーも高まる。それだけに、初回の一撃は星野をグッと楽にさせた。

それには、こんな理由があった。

アジア予選の前、壮行試合などを通じて打てなかった四番打者に非難の火の手が上がり始めていた。それでも、星野は結果が出ない新井に対して、「四番はお前でいくから」と宣言し続けていた。

高橋由伸、小笠原らの長距離打者が故障で代表入りを辞退したためにめぐってきた四番とはいえ、四番は四番である。四番・新井を打線の軸とすることを首脳陣がしっかり確認しておかないと、内外の批判に耐えられなくなってしまう。

「四番はお前でいくから」と言い続けていれば、結果が出なかった時に矢面に立つのは星野自身にほかならない。それだけに、フィリピン戦での初回の三塁打が、その後の戦いに大きな影響を与えたことは間違いない。

フィリピンを10対0（七回コールド）で下した日本は、一番の難敵と目された韓国戦を迎えた。

初回、先発の成瀬は高永民《コヨンミン》にバックスクリーンへの特大アーチを見舞われた。立ち上がりの緊張の中、手首を上手《じょうず》に柔らかく使わなければならないチェンジアップが落ちなかったためである。

軟投派の立ち上がりのゆるいボールの使い方は一番難しいといわれる。捕手がチームメイトの里崎ではなく阿部（現在は内野手）だったことが大なり小なり影響していたのかもしれない。

用意周到に対戦相手との〝呼吸〟を考えている星野のこと、成瀬に長いイニングを任せることを考えていなかったために、バッテリーの相性より打撃を優先して阿部を起用したのだろうか。そこにはなんらかの意図があったはずだが、それについては何もコメントしていない。阿部には成瀬に対する目くばりが足りなかったのかもしれないが、痛い先制点を許したのは確かだった。

先制点を奪われた時は、いかに早い回に同点に追いつけるかがカギになる。回が進んで中盤を迎えると、今度は焦りが加わってボール球に手を出すケースが出てくる。それだけに、点を取られた直後の二回に出た四番・新井の左翼線二塁打は値千金だった。

無死二塁で五番・阿部、六番・村田修一が三塁ゴロに打ち取られて二死になった。ここで無得点に終われば、チーム内に広がる焦りはさらにつのってくる。それを払拭したのが八番・大村であった。七番・稲葉への四球を挟んでの二死からの同点打に、阿部も村田も救われた思いがしたはずだ。しまった、という思いをあとに引きずるか、そこで断ち切るかでは雲泥の差となる。野球が切り替えのスポーツといわれるのはそのためだ。

大村の適時打で同点。九番・森野の二塁ゴロがエラーを誘って逆転したところで成瀬も責任感から解放されてホッとしたことだろう。二回、三回のピッチングのすばらしさが成瀬の安堵感《あんどかん》を表していた。

阿部、村田の気持ちの切り替えができたことを示すのは三回の攻撃。阿部、村田の適時打は「打たねばならない」というよりも、「なんとかつなごう」という余裕の姿勢にも見えた。プレッシャーの中で前の打席の失敗を引きずったままだったら、つなぎのバッティングができたかどうかは疑問だった。四番・新井を固定したことによって、それぞれが役割を果たせれば、という打線のつながりができた点は星野の真骨頂といえる。

「成瀬の交代」「岩瀬の続投」に見る選手心理のつかみ方

投手にとって、本塁打を打たれた打者の次の打席では後遺症が残るのか、苦手意識が出るのか、初回に本塁打を打たれた高永民に再び中前安打を打たれると、成瀬の気持ちは微妙に揺れ動いた。続く李宅根《イテクグン》には二塁打を打たれて1点差。無死二塁、一打同点のピンチとなった。

四番、五番を迎えても、星野はまったく動かない。四番が絶対にバントをしてこないことを見据えて、「思い切って腕を振って投げろ」と指示を出す。「成瀬のチェンジアップはパワーヒッターにこそ効果的」という福田スコアラーからのデータを信じたのか、まったく動かなかった星野。案の定、成瀬は四番・金東柱《キムドンジュ》、五番・李大浩《イデホ》（のちにオリックス、ソフトバンク）を連続三振に切って取った。

ここで星野は成瀬から川上へのスイッチを試みる。迎えるは右打者の六番・朴鎮萬《パクチンマン》。右打者に対しては左投手より右投手のほうが有利とはいうものの、アジア予選初登板の男をマウンドに送り出した勇気。「投手というのは打たれて交代させるよりも、抑えて交代させたほうが成長する」というセオリー通りの交代なのか、誰が見ても調子を取り戻したと思われた時点での成瀬の交代である。

代わってマウンドに上がる川上にしても、事の重要性は理解している。先発を外されたとはいえ、自分が果たす役割の大きさに男気を感じていた川上は、朴鎮萬をあっさり三塁ゴロに打ち取ってピンチを脱した。

八回、再び2点差をつけた日本のマウンドには岩瀬が上がっていた。だが、韓国も粘る。四番・金東柱が中前安打で出塁すると、五番・李大浩が死球、六番・朴鎮萬の送りバントで一死一・二塁。一打同点のピンチを迎えた。

岩瀬はすでに3イニング目に入っていた。七番・李鍾旭《イジョンウク》の犠飛で1点差に迫り、なお二死二塁のピンチに八番・趙寅成《チョインソン》の左前安打で再び二死一・三塁と逆転の走者を許してしまう。

このピンチで、星野は岩瀬に続投を命じている。同じ左腕の成瀬は四回に三振を奪ったところであっさり交代。だが、八回の岩瀬にはピンチを広げたところでの続投。「あとの打者を考えた時、あえて続投を命じた」と答えた星野だが、それだけで継投を考えているとは思えない。選手の性格を見て、ピンチでの経験を考慮しての判断だったのだろう。

その結果、岩瀬は代打・朴勍完《パクキョンワン》を三振に切って取ってピンチを切り抜け、九回は〝絶対的抑え〟の上原へとつないで1点差の勝利をおさめた。まさに薄氷の勝利。その陰には投手交代の綾《あや》が見え隠れしていた。

「代走・宮本」のタイミングに見る勝負勘

第3戦の台湾戦。里崎の送りバントに対して併殺の阻止に入った宮本のスライディングは語り草になっている。三塁手・張泰山《チャンタイシャン》の足を払いにいった頭脳プレーであった。

宮本のプレーばかりが取り上げられる中、忘れてはいけないのが星野の代走を送るタイミングの判断である。死球で村田が出塁した時点で、同点を狙って代走・宮本を送ってもよかったはず。

だが、星野はまったく動こうとせず、隣に座っていた宮本にアドバイスを求めた。大野コーチはブルペンに、山本コーチは三塁コーチャーズボックスにいて、星野のお守《も》り役としての役割が強い田淵コーチに守備・走塁のアドバイスを求めるのは無理な相談。そうなると、頼りになるのはキャプテンの宮本である。

ベンチ入りできる人数に制限があるアマチュア大会の場合、ベテラン選手がコーチ役を務めるのはよくある現象である。星野はそのために一塁コーチャーズボックスにいることが多かった宮本をベンチに呼び戻し、足を痛めている井端と交代させた。

宮本のアドバイスの効果はすぐに出た。宮本と次の打者・稲葉はヤクルト時代の二・三番コンビ。稲葉の打球の方向を熟知して、あえてリードを取らずに一塁手をベースに釘《くぎ》づけにして、一・二塁間を広く開けさせていた経験がある。それによって稲葉のヒットゾーンは広がった。

だから、宮本の村田への指示は、「ベースでのリードを小さくしろ」ではなかったか。案の定、宮本の予想通りに稲葉の打球は一・二塁間を破る強い打球だった。この打球ではどんな俊足の走者でも三塁に進むのは無理。たとえヒットエンドランをかけたとしても、間一髪のプレーである。

無死一・二塁でチャンスを広げた日本。ここで星野は満を持していたかのように、村田に代走・宮本を送った。この場面でのセオリーは送りバント。じつはこのプレーほど難しいものはない。

緩急を使いながらのらりくらりと投げていた台湾の先発・陽建福《ヤンジェンフ》は、1点リードしたとたんにガラリと態度が変わっていた。勝ちを意識するあまり、それまでの自分ではなくなっていた。それを証明するのが、先頭打者・村田への死球だった。送りバントは浮き足立っている投手を相手には野選《やせん》（フィールダーズチョイス）が起きやすいプレーかもしれないが、一歩間違えればチャンスを一瞬でつぶしかねない。走塁の精度が強く要求される場面で、星野は宮本を代走に指名した。これは絶妙のタイミングだった。

宮本は、星野が一死三塁の場面でのスクイズを想定した時、成功の確率から見ても一番サインを出しやすい選手である。もし一死二・三塁になった場面で宮本を代走に出したら、何かあるのではないかと余計な勘繰りをされる可能性もある。初球スクイズほど勇気がいるし、相手の予想を外す場面は限られてくる。そのために、村田が二塁に進んで初めて代走を出すことによって相手の油断を誘う結果となった。

相手の警戒を少しでも軽減しようとしていたのだろう。もし村田が三塁に進んだ時に代走を出したとすると、走者は三塁コーチにサインを確認するだろうし、打者もサインの確認が必要になり、相手にスクイズを悟られてしまう。とくに台湾の監督が日本野球を熟知している郭泰源であることを考えた場合、次の作戦に備えるためにも、二塁での代走指示しか考えられるタイミングがなかったのだ。

「一番確実な方法」を選んだ決断が大量得点を生んだ

その代走・宮本のプレーが早くも結果として表れたのが里崎の送りバントであった。宮本は果敢なスライディングによって相手投手の野選を誘っただけでなく、足の遅い里崎のために三塁手・張泰山の足元をすくったのである。

のちに張泰山に、「これが野球かと思った」と言わしめた宮本のスライディング。体を張った大胆なスライディングに挑む元大リーガーが来日した時、「日本の野球のレベルはまだまだだ」と感じた昔の日本人選手同様、台湾の選手も日本の野球を肌で感じて、「大差ないと思っていたが、まだまだだと思った」（張泰山）と同時に、浮き足立ってしまった。

この好走塁は、このあとの打者12人による集中攻撃の遠因となった。三塁に生きた宮本は、何げない姿勢でユニホームについた土を払った。球界の常識では、ヘルメットを触るのはサインを了解した合図。ユニホームを触るのは次なる攻撃のサインを要求していることを示している。ここでのサインはスクイズしか考えられない。案の定、初球からスクイズのサインが出て、そこから一気に流れが変わった。

のちに星野は、「あの場面でスクイズのサインを出すのは勇気がいる」と語っていたが、その勇気ある決断こそが星野采配の真骨頂であった。野球のセオリーでは「無死満塁は点が入らない」といわれている中で、一番確実に点を取れる方法を選択したのだ。

浮き足立った陽建福は、それまでの緊張感が崩れて一気に大量点を奪われることになった。これまで淡々と投げて日本の攻撃をかわしていた陽建福は、逆転されたことでそれがプレッシャーとなって、投球が守りに入ってしまって自滅した。負けゲームでの継投は簡単にできるが、勝ちゲームでの継投には勇気がいる。六回に逆転した直後の七回、先頭打者の村田に死球を与えた時点で限界を見きわめて交代させていれば大きな傷にはならなかったのだが、郭泰源監督にはその勇気がなかった。

結果的に、死球の走者・村田への代走のタイミングが勝負の綾になった。その後の攻撃を考えたら一発のある村田は残しておきたい選手だが、一気にたたみかけようと考えた時に、どこで交代するのが一番いいのか。星野はそれを計算していたかのように見える。一塁での交代ではなく、得点圏である二塁に進んだ時の交代。その妙がその後の攻撃につながった。

そのタイミングのよさと、走塁技術のある宮本という人選が、星野が言う〝勘どころ〟だったのではないだろうか。

選手のやる気を燃え上がらせた〝人使いの妙〟

ＷＢＣで日本代表を世界一に導いた王は、この場面について、「七回のあの攻撃がすべてだった。みんなが逆方向にきっちりと打ち返したところに勝利への執念が見える。スクイズのサインを出した勇気も、それに応じた選手も見事。一回も負けられないプレッシャーの中であのプレーができたのだから、本当におめでとうと、素直に言いたい」と絶賛した。

日本代表レベルの選手たちはプライドが高い。そんな彼らに指示を出すのは並大抵ではない。星野のこれまでのやり方は「オレについて来い」という感じに見えるが、じつは「お前の男気に任せる」という精神力を優先したやり方で勝利を手にしている。職人肌の宮本には余計なことを言うわけでなく、「お前なら、何が一番大切かわかっているよな」というような言い方で代走に起用している。任された宮本は、ある意味、監督以上の試合巧者。二塁に代走に出た時から当然、スクイズは十分にありうることを計算していたのではないか。

「ああいう選手がいると、監督は楽だわ」

と星野は言っていたが、第１戦、第２戦には宮本の起用はない。満を持しての宮本の出番に、データのない相手チームは対応できない。一方の宮本にすれば、やっと回ってきた出番に燃えないわけにはいかない。キャプテンとしてのプライドに火がつく。まさに機が熟してからの起用だったといえる。

一番の勝負の分かれ目がどこかを見きわめる星野の眼力と、それまでじっと我慢の采配を続けてきた忍耐力が実を結んだように思える。飼われていたウサギを野に放った時の勢いはすごいといわれるが、その放つ時を熟知していたからこそできた名采配が、日本代表を北京五輪進出へと導いたのだ。

星野のためならひと肌もふた肌も脱いだ〝２人のキーマン〟

星野の人使いの妙は、主力選手の起用法以上に、裏方の使い方にある。これは中日時代でも阪神時代でも見え隠れしている。外からは見えないところで仕事をする人たちの機微がわかっているからこそ、裏方も仕事がしやすくなるのだ。

この時の日本代表にスコアラーという形で加わったのが、中日時代には星野の懐刀といわれ、早い時点で幹部候補生として二軍監督などを任された福田功であり、阪神時代にスコアラーとして２年目の03年の優勝に貢献した三宅博であった。

福田は横浜のヘッドコーチとして牛島和彦監督に仕え、４年ぶりのＡクラス入りに貢献したが、牛島との意見の対立から職を辞していた。星野はユニホームを脱いだ福田に注目して戦力分析を託したのだ。

中日は元来、台湾出身の郭源治や、韓国出身の宣銅烈（当時、韓国代表投手コーチ）や李鍾範が優勝に貢献するなど、台湾、韓国にパイプを持っていた。中日での在籍期間が長く、そのルートを熟知していた福田は、それを十二分に活用して情報収集に動いた。星野が日本代表監督に就任するや、スコアラーという肩書で権限を与えて、仕事がやりやすいよう配慮した。

一方の三宅は阪神を定年退職していた。データ分析の第一人者を野《や》に置くことはないという思いでいた星野は、すぐに声をかけて協力を依頼している。声をかけられたことに男気を感じた三宅は、夜を徹して福田から上がってきたデータを分析した。

星野は阪神時代から、ただ年齢が達しているというだけの理由で現場を去って寂しい思いをしている人材を発掘することでは定評があった。巨人のスカウトを退職していた伊《い》藤菊雄《とうきくお》や、東京六大学に抜群のパイプを持つ岡田悦哉という逸材に、顧問という形で人材発掘を頼んだ実績がある。彼らが持っている人脈はアマチュア球界にそれなりの力を持つ人材ばかりだ。星野の監督就任以降、阪神に優秀な人材が入ってくるようになった裏には、こうした人使いの妙があったのだ。そして、さらに本戦となる北京五輪の前にスコアラーを増員し、万全の体制を整えた。

だが、組織はそれを無駄使いと見る場合が多い。星野はそういう影の部分についてはいっこうに気にしない。全日本アマチュア野球連盟はカネを持ってこられる人材として星野の起用に踏み切っているが、カネを使うことについては決してよしとしない。ましてやスコアラーの存在など重視していなかった。そんな逆風にさらされた時の、星野の迫力はすごい。

「お前ら、勝ちたくないのか。勝ちたいのなら、それなりの準備をしろ」

と怒鳴るのだ。星野に言われれば、連盟も文句を言えない。下手《へた》に反対して星野が辞任するようなことになったら、スポンサー筋に対して申し開きが立たないと判断して、しぶしぶ了解するのだ。

そういう形で招聘したスコアラーは、「星野のためなら、ひと肌もふた肌も脱ぐ」という滅私奉公に慣れている。根っからの裏方生活を歩んでいた2人だっただけに、そこから上がってくる情報は、じつに丁寧なものだったので、監督やコーチの決断がしやすい情報となっていた。

代表選手をして「間違いがない」と言わしめた〝データ〟の読み方

星野が若手の涌井、成瀬、ダルビッシュの3人に先発を任せ、フィリピン、韓国、台湾との各試合に当てる順序を決めたのは、福田と三宅がつくりあげたデータをもとにしたものといわれている。

精神面での気負いがあまり表に出ない、泰然自若とした性格の涌井を一番手にしたのも、スコアラーの分析結果の一つだった。上原、川上という中堅クラスの選手にはそれなりの思い入れがあるし、精神的な気負いが余計な気持ちの作用を起こす。それならば、あまり余計なことを考えずに試合に臨めるタイプの涌井に一番手を任せるという前提で、2人はデータを提供し続けたのであった。

日本にとっての強敵は韓国か、台湾か、といわれれば、まだ台湾のほうが与《くみ》しやすしとなるが、地の利、天の利は台湾にある。だから、強さは五分五分と考えたほうが正しい。だが、台湾と対戦する前に、まず韓国に勝たなければいけない。そうなると、最強の投手を先発させるか、セオリーに基づいて主力に左打者が多い韓国には左投手の成瀬を先発させたほうがいいのか、判断に迷うところである。

そこでの判断材料は、韓国の打者の左投手に対する数字であり、配球の分析だった。「絶対に左投手が有利」というデータがはっきりした時点で、先発は成瀬に決定。先発陣の一角を占める川上と小林宏之にも準備をさせて万全の態勢をつくったのである。

〝形をつくる〟という点では、成瀬の先発起用は成功。スコアラーからの情報の正しさも証明された。そして、残る台湾戦をダルビッシュに任せるだけとなった。

データをもとに判断をしたのは大野投手コーチ、決断をしたのは星野だったが、材料をつくったスコアラーの功績も無視できない。「監督は判断材料としてデータをしっかり見てくれるので、やりがいがある」とは福田スコアラーの弁である。

アテネ五輪の時にはデータ不足に泣かされた。準決勝の相手がカナダかオーストラリアかを読み違えたのが最後まで尾を引いて金メダルを逃している。その轍《てつ》を踏まないためにも、星野は早い時点で台湾、韓国にスコアラーを派遣している。その効果は試合前のバッテリーミーティングで表れている。「失投以外での配球に間違いがなかった」と、第1戦、第2戦でマスクをかぶった阿部は言う。

「裏方はあくまで裏方。上手《じょうず》に使ってくれる上司によって生きも死にもする」

スコアラーの存在に感謝しながら、休む間もなく南米のウィンター・リーグや台湾での予選リーグにスコアラーとともに星野自身も足を運び、データ収集に余念がなかった。星野ジャパンのアジア予選通過の陰には、星野が重用したスコアラーの存在があったのだ。

第6章

星野ジャパン
「世界一」への戦い
――星野仙一の人情力［2008年・北京五輪本戦］

北京五輪のキューバ戦で、判定に激しく抗議する星野監督
（2008年8月13日、北京・五棵松野球場）

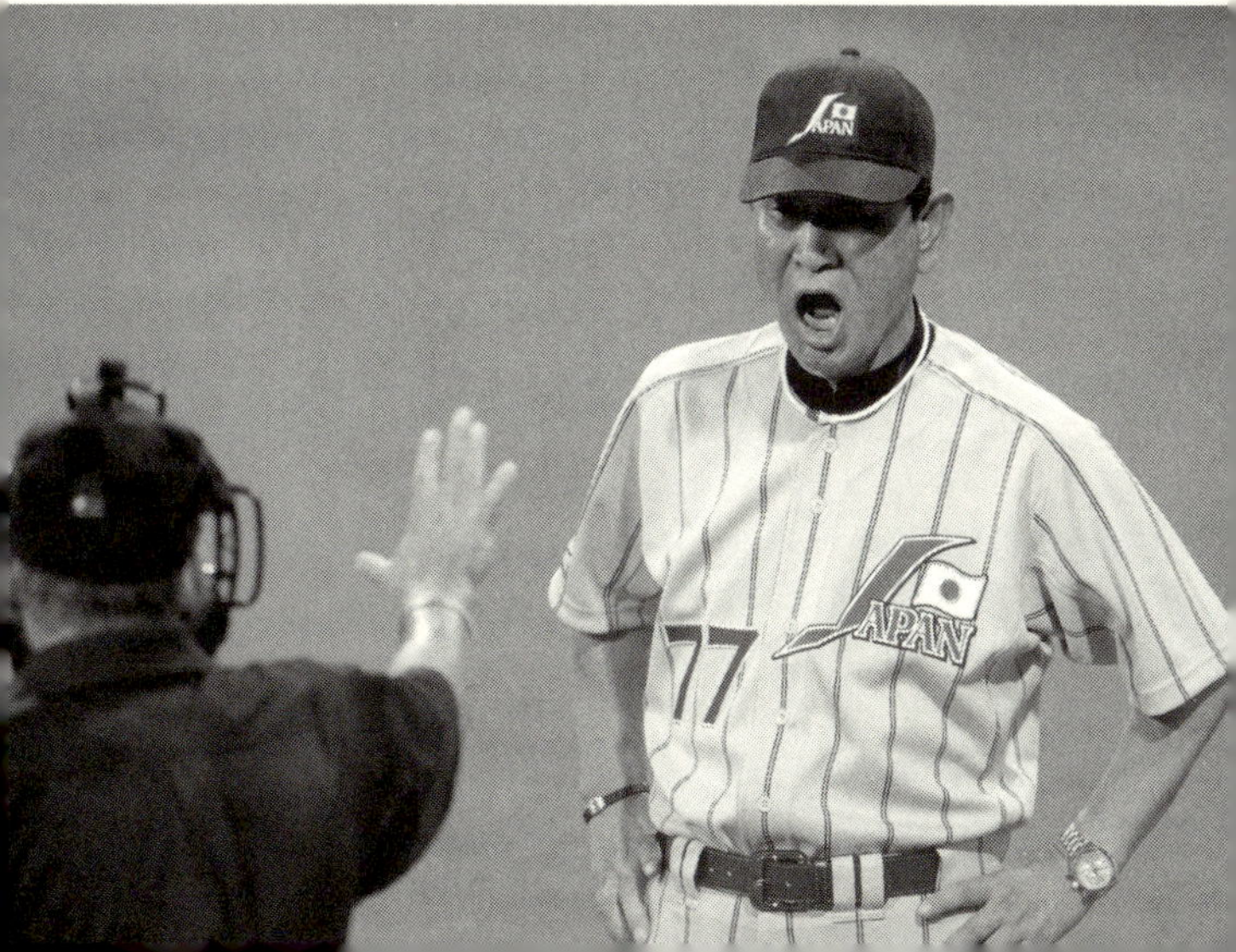

「先発は五回まで」……超過密日程の先発ローテーション

北京五輪1次リーグの組み合わせ日程が決まった08年5月20日、星野仙一日本代表監督の表情が一瞬曇った。

「初戦はキューバか……」

戸惑わせたのは、いきなり最大の敵と当たるという衝撃だけではない。初戦の相手によっては、その後の先発ローテーションに大きく影響してくるからだ。

五輪の野球は、1次リーグ7試合と準決勝、決勝の9試合を11日間でこなすという過密日程である。この9試合を、日本ハム・ダルビッシュ有、ロッテ・成瀬善久、西武・涌井秀章、ソフトバンク・和田毅の4枚で回していくことになるだろう（チーム名はいずれも当時）。

投手編成をアテネ五輪の時より1人少ない10人にしたのも、

「先発は5イニングまで頑張ってくれればいい。それなら中4日で行ける」

という星野監督の周到な計算があったからだ。

星野監督は、アジア予選の時の先発起用を、こう振り返っている。

「初戦のフィリピン戦はコントロールが安定している涌井を使った。いくら格下でも四球からの失点が嫌だったからだ。2戦目の韓国は左の強打者が多いから左の成瀬、そして優勝を決める最終の台湾戦は、ダルビッシュに任せた」

だが、五輪本番ではまったく違った戦い方を強いられる。強豪ひしめく中での短期決戦は〝初戦を獲る〟ことが最重要課題になる。

そこでダルビッシュの初戦登板が有力視されている。しかも、8月13日のキューバ戦に登板すれば、中4日で再び決勝戦に投げられる。とはいえ、さしものダルビッシュでも、強豪キューバと3A選手を多数擁するカナダ、それに決勝戦では、いかにも負担が大きすぎる。

しかし星野監督は見抜いていた。一見クールに見えて、ひとたび納得すれば、誰よりも燃え上がるダルビッシュの熱き性格を。ダルビッシュ本人も、

「まだ何も言われてませんが、任されたゲームは作ってみせる。自信はあります」

と、キッパリ言い切っている。

星野監督が「先発は五回まで」と計算するのは、あとを任せる巨人・上原浩治、中日・岩瀬仁紀、阪神・藤川球児に絶大な信頼を寄せているからだ。実際、08年シーズンにFA権を取得する上原と岩瀬は、メジャーで下降中の日本人中継ぎ投手の評価を回復させようとモチベーションも高い。

だが、藤川だけは違う思いがあった。藤川は06年のWBCで、アメリカのアレックス・

ロドリゲスにストレートを痛打されサヨナラ負けを喫した屈辱が忘れられないという。

「代表に選ばれたというよりも、当然選ばれるつもりでキャンプから練習に取り組んできた。ストレート一本やりではなく、変化球から入るとか。世界の力のある打者に対してどう攻めればいいのか、常々考えていました。五輪では五輪用のピッチングをする」

コーチ陣をフォローした宮本慎也、矢野燿大への信頼

国際試合には欠かせないのが、ベテランの知恵と経験だ。野球解説者の江本孟紀氏は、この時の代表選出に関して、こんな感想を漏らしていた。

「星野監督、田淵（幸一）ヘッド、山本（浩二）打撃コーチの首脳陣は〝お友達内閣〟との批判もあった。だからこそコーチ補佐として宮本（慎也、ヤクルト）、矢野（輝弘、阪神）、上原の力が必要だった」

星野監督は、

「宮本は単なるまとめ役じゃない。数字も最高のものを残してるじゃないか」

と、宮本のキャプテンシーのみならず、内野手としての貴重な戦力に期待していることを強調した。だが、宮本本人は、代表における自分の存在価値を冷静に分析している。

「自分は年長ということもあるけど、キャプテンとして自分の思っていることを若い連中

にハッキリ伝えていくことも役割だと思っている。話していけば、日の丸の重さというものを自然にわかってくれるはず。あの緊張感はものすごいシンドイけれど、そこから逃げるのでなく、正面からぶつかっていくことで解決できるんです」

07年12月のアジア予選の最中、宮本は緊張で浮き足だつヤクルト・青木宣親とロッテ・サブロー（大村三郎）を選手たちの前で面罵した。

初戦のフィリピン戦に先発した涌井に対しては、「代表から外されたメンバーの気持ちを考えろ！」と一喝。第2戦の韓国戦に先発した成瀬は、先制点を許した時に、宮本に「逃げるな！」とどなられ、そのあと、みごと立ち直っている。

ミスをして気落ちするソフトバンク・川崎宗則ら若手選手には「緊張するのは当たり前だ。この緊張感を味わえるだけでも幸せと思えッ」と痛烈に檄を飛ばした。

「ここまで言わないほうがいいと言う人もいますが、そこで無難に収めてしまっては、本気で勝つチームにはなれない。オリンピックはこれまでアマの選手が苦労した結果、今がある。五輪野球が今年で最後ということを考えても、その歴史を背負いながら、僕らは絶対に勝たなきゃいけないんです」

偉大な補佐役の存在はチームを支えていく。それを実践したもう一人が〝第3の捕手〟矢野だ。

「僕の役目はブルペン。ベンチとブルペンの伝達役をきっちり果たしたい。監督に言われれば、外野でも内野でもどこでも守る」

こういったベテランの熱意がチームを鼓舞する。阪神監督時代から、そんな矢野の性格を知っていた星野監督は、迷わず3人目の捕手に矢野を選んだのだ。

選手を預かっている以上、無理はさせられない

アジア予選で四番を打った阪神・新井貴浩は当初、星野監督の四番構想にはなかった。が、山本コーチの「あいつは本番ではやる男だ」のひと言で起用を決意した。

「信じてよかった。本当によくやってくれた」

と星野監督を大いに喜ばせている。

ところがこの時、新井は腰痛と闘っていた。山本コーチの紹介でカルシウム注射を打ち、阪神・金本知憲が信奉する池口《いけぐち》恵観《えかん》法主の下で護摩行《ごまぎょう》にいそしみ、何とか初戦に間に合わせようと必死だ。

「痛いのなんのとは言ってられない。こういう状態の自分を選んでもらったことに責任を感じています。北京から戻ってきた時には『新井を選んで間違いなかった』と言わせたい」

こう語る新井の言葉にはなみなみならぬ決意が表れている。

そして新井と並ぶ、新たな四番候補として急浮上しているのが横浜の村田修一と西武のG.G.佐藤《さとう》（佐藤隆彦《たかひこ》）だ。

「代表に選ばれるかどうかわからなかった時はプレッシャーなんてない、と平気で言えたのですが、今ではそんな言葉は軽々しく使えない。緊張しています」

と、G.G.佐藤が控えめに語る一方、セの大砲・村田は、

「守りや走塁の評価は低いけど、打つほうなら大丈夫。ＤＨ制ですし。日ごろ、弱いチームにいる憂さをここで晴らしたい」

と堂々と言ってのけた。そんな強気の村田でも、星野ジャパンに参加して、縮み上がったことがあった。

「アジア予選の最大のヤマ場だった韓国戦に勝った時、皆で喜びを爆発させていたら、監督からどなられました。『喜ぶのは早いぞ。次の台湾戦に勝たなければ意味はないんや！』と。あれはほとんど恫喝《どうかつ》（笑）。いっぺんに背筋が伸びました」

ただ、新井をはじめ、故障者は続出している。肩を痛めた楽天・田中将大《たなかまさひろ》（現ヤンキース）、背中の張りで先発を回避していたソフトバンク・杉内俊哉。傷はおおかた癒えたとはいえ、中日・森野将彦の体調も気になるところだ。

もっとも、田中は８月１日のオールスター戦で自己最速の１５２キロを投げるなど、完

全復活と言ってもいい状態だ。星野監督も「あの腕の振りができていれば大丈夫」と太鼓判を押したが、それまでは複雑な心境をこう語っていたものだ。

「本人が『行けます』と言ってくれる気持ちは大切にしたい。だが、実際どの程度なのか本当のところは教えてくれないのが実情。やる気はありがたいが、測りかねている部分がある」

田中に限らず、それぞれのチームから選手を預かっている以上、星野監督も、そう無理はさせられない。痛しかゆしなのである。

「山がデカければデカいほど夢は広がる」

一方、出塁と内外野の鍵を握るのはロッテの西岡剛、川﨑、青木の3人だ。いわゆる「イチローチルドレン」たちである。

WBCの際、3人はイチローの野球観にすっかり心酔していた。金魚のフンのようについて回り、アメリカの自宅にも招待され、食事を共にしている。

川﨑が言う。

「WBCの時、イチローさんに足が震えたという話をしたら『当たり前だ。足が震えるぐらい緊張していけ』と言われました」

彼らの心にあるのは、イチローの「メジャーでの〝二番ショート〟の重み」という言葉だという。いわゆるヤンキースのデレク・ジーターの役割だ。

「だから、アジア予選の台湾、韓国戦に二番ショートで起用された時は正直うれしかったですね。一番バッターの西岡と2人で、かき回そうと話していました」

逆に西岡は、代表では定位置のショートではなくセカンドを守るが、

「自分のチームで二塁に行けと言われれば文句を言うかもしれないが（のちに阪神では内外野の複数ポジションを守る）、全日本であれば平気でこなせるのはオレぐらいやと思う」

と、トップバッターを任されることへの気概をみなぎらせている。

異例の事態だが、この大会は急きょ〝タイブレーク方式〟を採用。延長十一回以降は、任意の打者から無死一、二塁の状況で始める制度だ。星野監督は、「舐《な》めるのもほどがある」と憤ったが、「決まったことはしかたない」としぶしぶ受け入れた。そこによぎったのは、一、二塁走者が西岡と川﨑、バッターが青木というイチローチルドレンの姿ではなかったか。五輪直前の星野監督は情報収集に余念がなかった。みずから3度も海外野球視察に回り、スタッフも従来の福田功・三宅博両スコアラーに加え、新たにスコアラー2人を迎え入れた。

「今までこれほど金メダルが要求された五輪大会があったか」

とコボすように、監督自身がいちばんプレッシャーを感じている。それでも星野監督はこう言うのだ。

「今ではでっかい山が立ちはだかっている状態。それをどう登ろうか考えるだけでも大変や。しかし、山がデカければデカいほど夢は広がるんだ」

五輪野球はいよいよ8月13日から始まる。星野ジャパンは、本当の意味での〝絶対に負けられない戦い〟を強いられる。24戦士たちはどうしのぎきるのか。

決戦前にかけたONへの電話

「完全に監督のミスやな。和田は四球を出した時に代えなきゃいけなかった」

星野監督はそう言って悔しがった。

8月17日の韓国戦は戦前の予想どおり大接戦となった。序盤は和田と金廣鉉《キグァンヒョン》の手に汗握る投手戦。六回に四番・新井の2ランで均衡を破ると、韓国も直後に李大浩の2ランで取り返す。試合は最終回までもつれ込み、結局、ミスなどで3点を献上した日本が、その裏のノーアウト二、三塁のチャンスを生かせず力尽きた。

星野監督を惑わせたのは〝タイブレークの亡霊〟だった。延長をニラんだ代打・継投が最後の最後に響いたのだ。

予選7試合で2つ落とせる計算だったとはいえ、強豪アメリカ戦を残し2敗を喫したのは想定外だった。

11日、北京入りした時から暗雲は垂れこめていた。アジア予選とはまったく違う張り詰めた緊張感。追い打ちをかけるように、直後に予定されていた練習試合が雨で中止に。競技会場「五棵松《ごかしょう》球場」のマウンドの感覚。天然芝の状態を満足にチェックできないまま、本番を迎えることを余儀なくされた。キャプテンの宮本は、「球場の状態は思ったよりいいが、慣れていない部分がやや心配。チームの気分は盛り上がってきたから、いいほうに解釈しないと」

と言葉を濁したが、準備不足は否めなかった。

決戦前、星野監督はWBCの指揮官・ソフトバンクの王貞治監督に電話をし、合宿中に左足を痛めた川﨑の起用について相談している。

「彼ほどの選手は自分で判断できる男。自由に使ってくれて結構だ」

王監督はこう言って励ましたという。星野監督は北京へ出発する直前にも、長嶋茂雄氏に、こんな一報を入れている。

「バタバタと出発しますが、必ずいい報告を持って、そちらへおじゃまします」

律儀な星野監督らしい一面だが、裏を返せば、前任者の意見を求めたくなるほど追い詰められていたのかもしれない。

北京入りしてからすぐ、星野監督は合宿中に固めていたローテーションを、特別な事情がないかぎり変更しないことを、大野豊投手コーチと確認し合った。11日間で9試合を戦う短期決戦では、拙速な判断が命取りになるからだ。

「先発投手は4試合まで決めてある。そのあとのことは戦ってみてから判断する」

そう言って星野監督が指名したのは、初戦のキューバ戦がダルビッシュ、2試合目の台湾戦は涌井、3戦目のオランダには杉内、4戦目の韓国戦が和田。川上憲伸（中日）、成瀬、田中を中継ぎで使い、岩瀬、藤川、上原の〝勝利の方程式〟で逃げ切る。そのプランはいささかも揺るがなかった。

「一時は、準決勝が最も重要と判断して、ダルビッシュをそこに当て、逆算して中5日の韓国戦に使うというプランもあった。でも、監督の考えは『チームの顔となるエースには初戦を任せる』で一貫していた。それは力だけでなく、気持ちの面にもポイントを置いたものだ」（チーム関係者）

「いちばん頼りになる男には、慣らし運転を」

初戦のキューバ戦。先発のダルビッシュは試合が始まる直前、ポケットにそっとお守りをしのばせている。このところ決して好調とは言えないダルビッシュにとって、家族の写真のついたお守りは孤独なマウンドで己を奮い立たせる何よりの武器だった。

開幕戦の先発は。すでに合宿2日目に告げられていた。心の準備もできていた……はずだった。だが、初めて上がった五棵松球場のマウンドは粘土質で硬かった。ダルビッシュは、

「上体が乗っていかない」

という感触を漏らし、使用球についても「ツルツルして滑りやすい」と、違和感を抱いていた。

先頭打者にいきなり出した四球がそれを物語る。二回、七番アレクセイ・ベルにセンターオーバーの三塁打を打たれると、続くアルフレド・デスパイネ（現ソフトバンク）、アリエル・ペスタノには、パワーでセンター前にはじき返された。ダルビッシュの投球は明らかに力みで上ずっていた。

「2ストライクと追い込みながら投げ急いだ。まだ、焦る必要はなかったのに」

と、大野コーチは首をかしげたが、ダルビッシュは三回にも追加点を与え、五回途中で降板。まさかの4失点KOだった。

「国際試合は力でねじ伏せようとして、自分を見失うことがある」

とはシドニー、アテネ五輪で苦い経験をしたレッドソックス・松坂大輔の言葉だが、鉄の心臓と言われたダルビッシュも例外ではなかった。試合後、ダルビッシュは言った。

「今までにない、いちばん悔しい思いをした。次の機会にこれを生かしたい。このままでは終われない。絶対に取り返したい」

その後、ダルビッシュは頭を丸刈りにした。決勝トーナメントでリベンジするという決意の表れだった。

この試合、攻撃面でも誤算があった。チームを引っ張るべきキャプテン宮本が2併殺で大ブレーキ。九番川崎は3安打を放って一矢報いたものの、再び左足のケガを悪化させた。

星野監督は試合後、福田、三宅の両スコアラーを自室に呼んだ。キューバの四、五、六番の徹底分析を頼み、再戦を見据えて資料作りを求めた。

選手ミーティングでは宮本がみずから口火を切って自分のミスを謝罪した。川崎は、「宮本さんでもあんなことがあるんだと思うと安心した」とかばったが、自分の足の状態については、はっきり「痛い」と口にした。

しかし、敗戦の中にも光明はあった。敗色濃厚な八回に登板した藤川だ。

「いちばん頼りになる男には、慣らし運転をしておいてもらわんと」

星野監督の読みは次戦で十二分に生かされた。

闘将を安堵させた〝藤川球児の剛速球〟

2試合目の台湾戦に向けて、星野監督はこんなことを言っていた。

「短期決戦の国際試合で重要なのは流れた。俺の仕事は采配でその流れをどう引き寄せるかや。みんなアジア予選で台湾に10対2で勝った点差ばかりを見て話すが、ゲーム的には僅差。どっちに流れが転がるかわからない試合だった。決して侮れない」

初戦を落とし、嫌なムードが漂う中、今度は大雨による試合開始時間の遅れがジャパンを襲う。先発の涌井は、狭いバスの中で待機したが、余分な時間が若い投手の不安を募らせた。

試合は星野監督の予言どおり、どちらが主導権を握ってもおかしくない胃の痛くなるような展開。均衡を破ったのは、またしても台湾だった。四回裏、1点を先制され、一死一、三塁のピンチ。大野投手コーチが振り返る。

「あの場面でもう1点取られていたら、流れは向こうに行っていた。涌井がよくしのいでくれた。ラッキーだった」

七番・羅国輝《ルオグオフェイ》（現高《ガオ》国輝）が放った強烈なライナーは一塁・新井の正面に飛んだ。一直併殺。ネット裏で、

「台湾の監督が郭泰源だったら、スクイズでダメ押しの1点を狙ったはず。助かった」

とささやかれたほど〝神風的〟なプレーだった。この直後、阿部慎之助（巨人）に飛び出した同点の一発でベンチのムードが一気に変わる。のらりくらりかわしていた台湾の先発・許文雄《シュウウェンション》のピッチングも変調する。交代した投手から青木が中前打、稲葉篤紀（日本ハム）はタイムリーを放って逆転。地力に勝る日本に流れが移った。

その稲葉は、七回の守備でも好守を見せ、台湾の追撃を阻止している。星野ジャパンは西岡、青木、川﨑と〝イチローチルドレン〟が中枢を占めるが、稲葉はイチローと1歳違い。ともに名古屋の「空港バッティングセンター」で練習をした男の意地だった。

そして、ピッチングによって流れを完全に引き寄せたのが藤川だった。星野ジャパンの勝利の方程式IFUの2番手として八回、まだ1点差の緊張する場面で登板。魂のこもった投球で三者三振にしとめた。九回表のダメ押し4点を呼び込む豪速球だった。最後を締めた上原が言う。

「今日は藤川。僕は介添えです。4点も取ってくれたのだから」

試合終了時には12時を回っていたが、星野監督は疲れを見せずにこう語った。

「ようやく流れが来た。フン詰まりがやっと解消できたわ」

闘将が、現地入り4日目にして初めて見せた安堵の表情だった。

直前のルール変更も〝燃料〟に変えた

楽勝と見られていた第3戦のオランダ戦も気が抜けない戦いを強いられた。「勝てる相手にきちんと勝つのが短期決戦の定石。だが、勝って当然と言われる中で勝つのは並大抵ではない。今日が勝負や」

星野監督の喚起が実り、初回、あっさりと4点をもぎ取った。この試合でようやく初安打が出た主砲・新井は、つきものが落ちたようにこう語った。

「1、2戦はボールを見よう見ようとして受け身になっていた。これからは自分で仕掛けていきたい」

14日、自チームの恩師・王監督の体調不良の知らせを聞いた先発・杉内は、

「いいお土産を届けたい」

と言い、その言葉どおり完璧な投球を見せつけた。

スタメンから外れた宮本は一塁コーチとしてナインを鼓舞した。チームでは比較的おとなしかった杉内、和田にも声が出始めた。初戦でつまずいたチーム全体が、ようやく一つになった。

だが、2、3戦で取り戻したかに見えた星野ジャパンの勢いは、韓国戦で断ち切られた。繰り返すが、8チーム中4チームが決勝トーナメントに進める五輪の場合、負けは2つが

限度と言われる。メダル候補のアメリカは苦戦しており、20日の日本戦には死にもの狂いで挑んでくるはずだ。

世界野球の勢力図の中で、日本はないがしろにされていると言われている。それが証拠に、タイブレーク制の導入も、先発メンバー交換後も選手交代がＯＫという変則ルールも、開幕直前に通達されている。監督会議で星野監督が猛抗議してもことはなかった。

「うちは正々堂々と戦う。俺はその時になるとスイッチが入るんや。われわれの歴史を刻むのみだ」

ナメられきったジャパンの発言力を増すためにも、何としてもメダルを獲るしかない――星野監督の決意は固い。

裏目に出た「早め早めの継投」

「金メダルを期待されて、２大会連続で主将を任されたのに申し訳ない……」

主将・宮本はそう言って涙を流した。

「何が足りないか、今、分析してもしかたない。すべてはオレの責任」

と、星野監督は唇をかんだ。痛恨のミスをしたG.G.佐藤は、タオルで顔を覆ったまま、しばらく立ち上がることすらできなかった。

「1次リーグのリベンジ」をスローガンに臨んだ準決勝の韓国戦は、それほどに屈辱的なゲームだった。前日に女子ソフトボール代表が劇的な逆転優勝を飾っていただけに、星野ジャパンのふがいなさがより際立った。決戦前夜、星野監督はこんなことを言っていた。

「あのソフトの上野《うえの》（由岐子《ゆきこ》）というピッチャーは大したもんや。あれを見て何も感じないヤツはおらんやろ」

星野監督は、孤軍奮闘で逆転金メダルをもぎ取った上野の雄姿を、みずからのチームにダブらせていた。韓国戦で、「五輪野球は戦争と同じ。死ぬか生きるかの戦いになる」と言っていた西岡を脇腹痛を承知でDHに入れたのも、左足を負傷している川﨑をスタメン起用したのも、「覚悟ある彼らなら何とかしてくれる」という、大きな期待があったからである。

立ち上がりは上々だった。一回、その西岡が出塁して先制。三回には再び西岡が四球を選び、青木のタイムリーで追加点を奪った。だが、少数得点を守るというプレッシャーが、しだいに選手たちの平常心を奪っていった。

明暗を分けたのは四回。先発・杉内が突如、連打を許し、G.G.佐藤のまずい守備もあってノーアウト一、三塁のピンチ。続く李承燁《イスンヨプ》（巨人）は二ゴロに打ち取ったものの、併殺の間に1点を許す。

「杉内はあの1点でリズムが狂った。無失点に抑えるという気持ちの張りがとぎれてしまった」（チーム関係者）

それを裏付けるように続く金東柱にレフト前に運ばれ、61球で降板。そのあとは悪夢のような展開だった。ゲーム終盤に追いつかれ、最後の最後に大量失点するという、まるで1次リーグの韓国戦をリプレーしたかのような光景。1次リーグで和田を引っ張りすぎた反省から、早め早めの継投策でしのごうとしたが、すべてが裏目に出てしまった。

命取りとなった岩瀬仁紀への〝人情采配〟

悲劇を招いた一因は、矢野の先発起用にもあった。スタメンを外された阿部はモチベーションを失いかけ、里崎智也（ロッテ）は絶不調。最後のとりでの矢野を出したために、ベンチとブルペンの貴重なパイプ役を失ってしまった。結果、準備不足の藤川が打たれ、岩瀬は李承燁に痛恨の本塁打を浴び、大炎上につながった。

1次リーグの韓国戦に3失点して負け投手になった岩瀬投入には、韓国メディアも首をかしげていた。

「ピッチャーをつなぎすぎではないか」

その質問に星野監督は、

「これがウチの戦い方ですから……」

と答えたが、本心は〝やられたらやり返す〟という監督のプライドだったように思えてならない。準決勝の八回、代わりばなを打たれた岩瀬のもとにみずから歩み寄り、活を入れたのがその証拠だろう。

実は、１次リーグの韓国戦のあと、星野監督は選手を集めて頭を下げている。

「今日は監督の采配ミスや。もう一度、心をひとつにして戦おう」

07年のアジア予選では、こういった監督の言葉から選手の闘志に火がつき、快進撃をもたらした。だが、このジンクスも五輪本番では通用しなかった。

１次リーグの低迷は決勝トーナメントでも回復しなかった。連打が出ない。先制しても防ぎきれない。チーム打率は２割３分６厘まで落ち込んだ。そして負けが込むごとに、選手の結束も曖昧になっていった。

投手では、ダルビッシュ、涌井、成瀬、田中らの若手と、ベテラン勢との間に世代間ギャップがあるが、その調整役だった上原の調子がいまひとつだったために、ブルペンはバラバラに近い状態だった。

野手でも荒木雅博（中日）、新井らの星野監督を男にしようという意識と、五輪野球を楽しみたいという選手の意識に乖離《かいり》が見られ始めた、そんな状況を、いちばん理解してい

たはずの宮本は、

「五輪予選を一緒に戦っていた仲間だからわかってくれるだろうと思っていたが、いつまでたってもピリッとしない。きちんと話さなければならない」

と語っていたが、試合前のミーティングでは、当の宮本の発言がしだいに少なくなっていた。

コーチ陣の緊張感を奪った島野育夫の不在

「北京に入ってからの宮本の目がウツロだ」

と言う球団関係者もいた。「檄を入れなければいけない」と言いながら、アテネ五輪やWBCで効果を発揮した選手だけのミーティングは開かれることはなかった。その理由として、「宮本は責任を取らないコーチ陣に嫌気がさしたのではないか」とささやかれていた。


1次リーグ初戦のキューバ戦を落としたあと、こんなことがあった。ダルビッシュ、田中、川﨑らが気合いを入れて坊主頭になった時、星野監督は田淵コーチを、「打てない責任を取って坊主になれ」と叱責した。が、田淵コーチは「頭の毛がなくなるから」という理由で拒否している。

単に坊主になるならないの問題ではなく、宮本は先頭に立って責任をかぶるべきコーチの逃げ腰が許せなかったのではないか。星野監督も田淵、山本、大野の３コーチを100％信頼していたかといえば疑問がある。厳しい１次リーグを戦う最中、

「こんな時に、島ちゃん（島野育夫）ならば、どんなアドバイスをしただろうか」

と星野監督がポツリと漏らしているのだ。

星野ジャパンはアジア予選時に２人態勢だったスコアラーを４人に増員して世界一を目指した。

三宅、福田、林、山本の４スコアラーの資料は膨大だった。特に三宅スコアラーは、キューバ、アメリカ、カナダの資料を求めて、地球の２周分を飛び回った。

だが、西武の大久保博元《おおくぼひろもと》コーチ（のちに楽天監督）は、

「集めた資料は簡潔にしてわかりやすくするのが大事。ウチは、データを30字で選手に伝えることを考えている」

と言う。この三宅ファイルをもってしてもキューバ、アメリカに敗れたのは、大久保コーチの言うように、宝の持ち腐れだったと言わざるをえない。

ある中堅選手は、

「右狙いで来るとか、変化球が多いとか教えてくれるのはありがたいが、集中している時

にあれこれ言われるのもどうしたものか」

とコボした。選手によっては、情報の詰め込みが逆に足かせになっていたのかもしれない。先の球団関係者もこう言う。

「投手の狙い球だとか、守備位置とか、キューバや韓国を相手にデータが生かされていたとは思えなかった。よっぽど韓国のほうが日本のことを研究していた。1次リーグの韓国戦で、左の岩瀬に対して左の代打を出して成功させたり、守備のまずい村田の前にセーフティバントをやって失策を誘ったり、勝利に直接つながるデータを有効に使っていた」

現地の韓国プロ野球関係者によると、

「藤川、岩瀬はプライドが高いから力で勝負してくる。ストレート系をファウルで粘り、変化球の甘くなったところを狙え」

という指示が出ていたという。事実、準決勝で藤川が打たれた同点タイムリーはフォークが甘く入ったもの、岩瀬が李承燁に打たれたホームランはスライダーが甘く入った球だった。

闘将の〝弱気〟を察して離れていった選手たち

ここに至って、星野監督への風当たりは強まっている。アジア予選のメンバーにこだわりすぎて重要な戦力を見落とした代表選考、監督の意地を先行させた采配……。だが、星野監督にも同情すべき点はある。

何より、川﨑、西岡のケガで機動力部隊を欠いたことで、目指していたスモールベースボールが機能しなかったのが痛かった。

五輪期間中、星野監督は毎朝9時半に宿泊先のホテルで行われる番記者の朝食会で、「監督を辞めたくなることが何度かあった」と真顔で語ったことがある。それは「闘将」と呼ばれた男には似つかわしくない気弱さだった。

チーム関係者が言う。

「貧打線と不用意なプレーにイライラするどころか、監督はあまり大声を出さず1人ポツンとしていることが多かった」

主治医が同行し、ベンチ内でもつらそうにしているシーンが何度も見られた。

日本で行った壮行試合の際には、「オレたちは金儲けの道具ではない」と、はっきり口にした選手もいた。早い時期に北京入りして、練習試合をしたり、五棵松球場の天然芝に、なぜ早く慣れさせようとしなかったのか。

壮行試合の放映権をテレビに売るというもくろみがあったのは明らかだが、結局、放映はなく、意味のある試合ではなくなっていた。このあたりから、選手の意識と機構側の意識に、ズレが生じていたように思えてならないのだ。

23日の3位決定戦でも、強豪アメリカに再び敗れた。大会終了後、星野監督はこう語った。

「選手は必死にやってくれたが、国際試合の難しさをあらためて知った。パワーでねじ伏せないと今後も勝てない」

審判の微妙な判定を指したものだった。

「金メダルしかいらない」を旗印に船出した星野ジャパンの11日間は、本来の輝きを発することなく終戦を迎えた。

第7章

「杜の都」を熱くせよ!
——星野仙一の復活力［2011年・楽天監督就任］

東日本大震災の避難所を慰問し、村井嘉浩宮城県知事（中央）に寄せ書きを贈る楽天の星野監督（右）と山﨑武司（2011年4月8日）

8年ぶりにユニフォームに袖を通した理由

11年の1月で64歳。監督としてユニフォームを着るのは最後のチャンスだった。

「オーナーの勝ちたいという情熱と、私のユニフォームを着たいという情熱が一致した」と語ったのは、11年シーズンより楽天の監督に就任する星野仙一である。8年ぶりの現場復帰だが、かつてと比べて取り巻く社会環境は大きく変わっている。

西村徳文《にしむらのりふみ》ロッテ監督（現オリックス・ヘッドコーチ）や渡辺久信西武監督（現シニアディレクター）のように、自前の選手を育てた人物が一軍監督に就任するという現代。その流れに逆行するかのように楽天が在野における最後の大物・星野仙一に白羽の矢を立てたのは、その知名度と共に親会社の意向が大きく影響してのことだろう。

10年11月1日、秋季練習に初見参した星野監督だが、当時の楽天は主軸を打つべき打者もいなければ、エース・岩隈久志《いわくまひさし》のメジャー移籍が確実視されており（この年は断念）、先発の頭数も足りない。さらに抑えの投手も固定されていない。そんな戦力不足の最下位チームでも指揮を執ることに決めたのは、ユニフォームへの渇望と、北京五輪の雪辱を果たすためではないだろうか。

秋季練習では佐藤義則投手コーチと仁村徹二軍監督が中心になり、11年シーズンに向けて個々の戦力アップを図っている。

「現役時代を含めて9人仕えた監督のうち、一番やり易かった。『コーチの言うことはオレの意見だと思ってくれ』と常に言ってフォローしてくれた。やりがいのある監督だ」

阪神時代、投手コーチとして星野を支えた佐藤は監督就任を歓迎している。

メジャー帰りの松井稼頭央、岩村明憲《いわむらあきのり》の獲得も噂されたが（のちに獲得）、星野野球の基本は投手を中心にした守りの野球、というオーソドックスなもの。自分のカリスマ性を活《い》かした派手な野球では決してない。もちろん、星野流がこれまでのようにすぐに通用するとは思えない。しかし星野が野球を愛する情熱さえ失っていなければ、必ず選手はついてくるはず。何より楽天の選手は勝ちに飢えている。強引なまでの指導力で選手を引っ張っていく星野流は、素直な選手が多い楽天に意外と向いているかもしれない。

斎藤佑樹《さいとうゆうき》（日本ハム）、大石達也《おおいしたつや》（西武）ら期待のルーキーの加入で注目を集めるパ・リーグだが、星野監督の存在が、パ・リーグをもうワンランクアップさせることが期待された。

見切りの早い三木谷浩史オーナーの心をつかんだ一言

10年12月5日、星野楽天監督が国立競技場の貴賓席に姿を見せた。ラグビーの早明戦《そうめいせん》を明大OBとして観戦するためである。12年ぶりの優勝を狙う母校は敗れはしたものの、星野監督は明治ラグビーのモットーである「前へ」の攻撃に刺激されたのか、早大ＯＢの森《もり》喜朗《よしろう》元首相から「頑張ってください」と手を差し伸べられると、ガッチリとその手を握り返した。

「俺の気持ちは届かなかったが、いいものを見せてもらった。ラグビーを見ると血がたぎるね。早稲田のタックルは強かった。ああいう稽古をウチの選手にも見せてやりたい。ラグビーに比べたら（野球は）まだ甘っちょろい。下手《へた》くそでもいいから、ギラギラ光るものがないといかん」

と、報道陣を前に熱く語ったものだ。

一方その頃、岩隈とアスレチックスの入団交渉は正念場を迎えていた。結局、決裂して残留を発表（その後、12年にマリナーズに入団）するのだが、一部には、星野人脈が動きア軍に圧力をかけて流出を阻止したのではないかという憶測も流れた。もちろん、うがちすぎだろうが、星野監督就任後の事態の流れは、それほど監督の思惑どおりに運んでいるように見える。

同年11月、都内のホテルで開かれた球団幹部とスポンサーを交えた昼食会の席上、星野監督はこう挨拶している。

「これが最後の仕事になります。じっくり腰を据えて頑張るので、サポートをよろしく頼みます」

補強の約束を、三木谷浩史《みきたにひろし》会長、島田亨《しまだとおる》オーナー（当時）に取り付けていたのだ。

星野監督の就任が正式に発表されたのは10月27日。それからの動きは電光石火だった。

まず、球団が提示した複数年契約に、

「1年勝負のほうが気が引き締まる。ずっとこのやり方でやってきたから」

と、単年契約を申し出た。さらに、

「杜《もり》の都を熱くしてやろうと、空港に降り立った時に思った」

と、地元ファンにアピールしたうえで、

「勝つだけではダメ。東北、仙台《せんだい》の文化を体に染み込ませたい」

と続けた。

もっとも、文化を染み込ませる前に勝たなければ見向きもされないのは百も承知である。三木谷会長の負けず嫌いはつとに有名。いくら三顧の礼で迎えられたとはいえ、負けが込めば見切りも早いのは、Jリーグのヴィッセル神戸の例を見ればわかる。そんな性格を踏まえてか、星野監督は就任1年目から堂々と優勝宣言をしてみせたのだ。

「選手には歴史を築く立て役者になれと言っている。アグレッシブであれということ」

それは、明大ラグビーの伝統を地で行く「前進あるのみ」の意思表示だった。

岩村明憲が正式契約前に頭を下げてしまった〝熱い言葉〟

「星野が監督になるとカネがかかるぞ」

と言ったのは、楽天・野村克也名誉監督（当時）である。

9年前のちょうど同じ時期のことだ。解任された阪神・野村監督のあとを受けて星野タイガースが誕生した。が、シーズン4位に低迷すると、星野監督はその年のオフ、一気に24人もの選手の入れ替えを行った。坪井智哉《つぼいともちか》、山田勝彦《やまだかつひこ》らを放出する一方で、FAで広島から金本知憲を獲り、メジャー帰りの伊良部秀輝、日本ハムからトレードで下柳剛を獲得して就任2年目にして阪神をリーグ優勝に導いている。

だが、楽天では就任早々から激しく動いた。強力なメジャー人脈を通じて、日本人大リーガーの調査をいち早く依頼。その第一弾が岩村明憲である。

岩村はこの年、パイレーツから途中解雇され、9月にアスレチックスと契約したものの、日本球界復帰を目指していた。そんな折に最初に声をかけたのが星野監督だった。08年のレイズでは地区優勝の立て役者として活躍した岩村は、翌年、左膝前十字靱帯断裂《ぜんじゅうじじんたい》の大ケガを負い、その後は不遇をかこっていた。「自分が必要とされないと感じた時、極端にテンションが下がるタイプ」と本人が言うように、09年と10年の2年間は欲求不満の連続だったという。当時は、阪神SDという肩書だったものの星野は、

「あいつは野球に飢えておるのと違うか」

と心配していた。だからこそ、楽天監督に就任して、いの一番で岩村の携帯に電話を入れたのだ。

この時、岩村は故郷・愛媛へ帰省中だった。くしくも、母校・宇和島東《うわじまひがし》の監督だった上甲正典《じょうこうまさのり》監督（のちに済美《さいび》監督、14年死去）に、帰国の挨拶に行っている最中に、星野監督から「お前と野球がしたいんや」というラブコールがかかってきたのだ。

「目の前には上甲監督、電話には星野さん、熱い2人に挟まれて、本契約前なのに思わず『お願いします。監督を胴上げしたいです』と言ってしまいました」

岩村はそう振り返ったが、これまで片岡篤史（日本ハムからFAで阪神）や、金本らを口説き落とした時のような星野監督の熱い言葉が、岩村の侠気《きょうき》をくすぐったのは間違いない。

2年総額4億円という契約は〝1年総枠で3億円までの選手〟という球団との約束を守ったものであった。

「お前が必要というひと言が欲しくてたまらない時期に楽天が最初に声をかけてくれた。メジャーで学んだのはチームワーク。弱いチームからワールドシリーズまで行ったけど、みんなでカバーしようとする和があった。四球を選んで進塁打でつなぐことも野球では重要。そういうことをチームに伝えたい」

と、岩村は入団会見で語ったが、そういった岩村のキャプテンシーも、星野監督は大いに買っている。

「まだ31歳だし、チームを引っ張るにはいちばんいい時期」

と、チームの旗振り役として期待しているのだ。

オリックス、巨人からの誘いを蹴った松井稼頭央

岩村獲得から時を置かずして、今度は松井稼頭央の入団が発表された。巨人、オリックスと競合した中で最後にものを言ったのは、こちらも星野監督の「熱気」だった。

松井稼自身、楽天入団を決めた経緯について、こう語っている。

「(入団の決め手になったのは)星野監督の熱い気持ちがあったから。『新しいチームで歴史を作っていこう』という言葉を聞いて、『お世話になります』と返事をしました。星野さんは『これから一緒に頑張ろう』というひと言で、選手の気持ちを高められる人ですね」

背番号は94年の西武入団時に着けていた「32」。8年ぶりの日本復帰で〝初心に戻る〟という意味が込められている。2年契約で3億円プラス出来高という年俸は決して高いものではない。

星野監督は、岩村には「ランナーを返す役割を担ってほしい」とクリーンナップを想定しているが、松井稼には「（高い出塁率で）得点力が1点から1・5点アップする」ことを期待している。

松井稼といえば、プロデビュー間もない頃、オリックス・イチローのバッティング練習をベンチの陰から食い入るように見ていたことを思い出す。自分が若手のお手本になりたいという思いがあるようだ。

「チームには、若くていい選手がたくさんいる。自分もまだ若いと思っているので、その中に入ってやりたい。できれば自分のプレーや練習する姿を見てもらって、背中で引っ張っていけるようになりたいですね」

8年ぶりに、二塁から古巣ショートに戻ることになるが、「見える景色は逆になるけど、実戦で修正していきたい」と語り、不安はない（15年に外野手に転向）。

「足を使ってしっかりと守っていかなければならない。そのためにオフの間も体を動かし続けていこうと思っています。ワールドシリーズもマイナーも行ったし、その経験は体が覚えていると思います」

ともに三遊間を守ることになった岩村からは、

「一緒に自主トレをやりましょう」

と誘われており、12月1日には早くも合同練習を行っている。一番・ショートが予定される（実際に開幕一番を務めた）松井稼が、「俺が出塁するから返してほしい」と言えば、三番が有力な岩村（実際には開幕五番）は「盗塁王を目指してほしい」と、35歳の松井稼に60盗塁を要求。そして、

「アニキと思っている。見て盗みたいものがある。一緒にやることでわかる」

と言い、早くも息の合ったところを見せていた。

教え子かつ生え抜きの山﨑武司の意地

メジャー帰りの岩村、松井稼が注目される中、楽天を支えてきた生え抜きの渡辺直人《わたなべなおと》が横浜にトレードされた（西武を経て17年オフに楽天に復帰）。直後の契約更改会見で、鉄《てっ》平《ぺい》（土谷《つちや》鉄平）、草野大輔《くさのだいすけ》、嶋基宏《しまもとひろ》がそろって涙を見せるなど、チームの精神的支柱の移籍は若手主力に動揺を与えた。

そんな中、「新参者に大きな顔をさせるな」とハッパをかけたのが、11年シーズンにプロ入り25年目を迎えるベテラン山﨑武司である。山﨑は、星野中日の3年目に入団してきた、いわば教え子だが、押しも押されもせぬチームの重鎮。秋季練習の時に顔を合わせると、星野監督は、

「俺はおくりびとと言われている。武司に引導を渡すのが俺の役目」

と言いながらも、裏ではチーム事情についてさまざま意見を求めていた。その山﨑が選手納会で若手にこうぶち上げたのだ。

「お前たちにも、ここまで頑張ってきた意地があるだろう。俺だって新外国人が入ったら自分の立場が危うくなる。『ハイ、どうぞ』と譲るわけにはいかない。指をくわえて見ていちゃダメなんだ。これまでやってきた選手でもっと頑張らないといけない」

山﨑は11年、2年契約の2年目を迎える。「結果が出なくて球団がいらないと言えばすぐにクビ。いつ辞めてもいいように思い残すことなく暴れたい」と語り、そう簡単には「おくりびと」に送られるつもりはない。だが、星野監督は「武司が六番を打つ打線」を理想としており（実際は過半数の試合で四番を務める）、外国人の大砲補強は4月のロースター（公式戦に出場できる選手枠）漏れの選手がリストアップされるまで続ける方針だ。

山﨑が言う。

「星野監督の下で優勝をしたいという思いは人一倍ある。自分を育ててくれた人だから。でも、楽天というチームの中でここまでやってきたという自負もある。ガン（岩村）やカズオ（松井稼）が加わって、一緒に強いチームを作っていければいいけれど、自分たちがここまでやってきた意地だけは忘れたくない」

新加入の2人に、山﨑の闘志はメラメラと燃えている。チームは競い合いながら強くなるものという考え方の星野監督にとっては、この上ない状況だ。

楽天ナインは、星野監督の〝妖術〟にハマり始めているようである。それは、岩隈が残留したあとの投手陣にも表れている。

メジャー断念で〝失意〟の岩隈久志に染み入った言葉

「キミの夢はかなわなくて残念かもしれないが、日本一になっていい思い出を残してから行くのも悪くない。一緒に優勝を目指そう、と星野監督に言ってもらえたのがうれしかったです」

12月8日、楽天残留を決めた記者会見で、岩隈はメジャー移籍断念について吹っ切れたようにこう語った。

そもそも、岩隈がポスティング・システムを使ってメジャー移籍を考えたのは、04年の球界再編の折、新生楽天に入団するため、さまざまに骨を折ってくれた球団に対し（岩隈は消滅した近鉄から合併先のオリックスへの分配が決まっていたが、それを覆した）、入札金で恩返ししたいという気持ちもあった。しかし、交渉権を獲得したアスレチックスは、4年12億円をのめなければ破談——と岩隈側に通告する一方で、マスコミには「7年

105億円の莫大《ばくだい》な要求があった」と、ふれ回った。次々に飛び出すア軍側寄りのリークに、岩隈は自分が本当に必要とされているのかと疑問を感じざるをえなかった。

そして「いくら金を積まれても行かない」と思いが固まり始めた時に、星野監督に電話をかけて、こんな言葉をもらったのだ。

「一緒に優勝を狙おう！」

ア軍の仕打ちを受け、失意のドン底にあった岩隈とすれば、「自分が必要とされているのはここだ！」と思って当然だった。続いて、岩隈は現場の反応を確かめようと、チームメイトの何人かと食事をして、自分の存在価値を確認した。

岩隈は言う。

「食事した仲間たちは皆、俺の力が必要だと言ってくれた。メジャーは一緒に喜び合ってからでもいいじゃないかとも言ってもらえた。自分は野村監督であろうと星野監督であろうと、監督で左右される選手ではないと思っている。先頭に立って、チームを引っ張っていかなければならない」

会見の翌日から、岩隈はＫスタ宮城（現楽天生命パーク宮城）の室内練習場でのトレーニングを再開。

「メジャーの人たちの話を聞くと、オフの間も休むことをしない。いつも体を動かして、体調を整えていくと聞いた。僕も休みなしで調整したい」

と、意欲をのぞかせた。

ただし、交渉決裂の後遺症がまったくないわけではない。岩隈の女房役（その他の投手の先発時は嶋）だった捕手の藤井彰人《ふじいあきひと》は阪神にFA移籍してしまった。また、入札金を当てにして岩村と松井稼のメジャー帰り選手を獲得した結果、余剰戦力となった渡辺直が横浜に金銭トレードされた。

「藤井にしても渡辺直にしても、うちでは使う場所がない。選手は試合に使われてナンボ。星野監督はそう考える人。2人にとってもチャンスと思ってもらったほうがいい（藤井は阪神で正捕手に定着）」

と、球団フロントの一人は言うが、結局、岩隈の残留によっていちばん元気づけられたのは、球団でも、本人でもなく、結果的に最強の投手を〝補強〟できた星野監督に違いない。

「よし、チャンスが来た。もう一つ気合いを入れて獲得に動こう」

と、米田純《よねだじゅん》球団代表にハッパをかけたのである。

「決めるのは俺だが、使うのはお前だ」

楽天の10年シーズンの失敗は、抑え投手の不在だった。メジャー帰りの福盛和男《ふくもりかずお》が、開幕から2回続けて失敗すると、その後は川岸強《かわぎしつよし》、小山伸一郎《こやましんいちろう》をやりくりして何とかしのいできたものの、内情は綱渡りだった。期待され160キロ右腕のファン・モリーヨも一軍に上がったとたんにストライクが入らなくなり、おまけに筋肉を痛めてしまった（7戦0セーブ）。佐藤投手コーチに言わせれば、

「二軍で力を抜いて練習しているのに、一軍に上がるや思い切り投げようとするからこういう結果になる」

モリーヨはオフに帰国する際、「きちんと仕上げてくる」と約束したが、佐藤コーチは信じていない。過去にも外国人選手にだまされた経験があるからだ（11年4月に東日本大震災を理由に退団）。

ただし、阪神時代のジェフ・ウィリアムスは例外だった。佐藤コーチの教えを守って、03年の阪神優勝に大きく貢献。それをじかに見ていたのが星野監督だった。

星野監督は「決めるのは俺だけど、使うのはお前らだから」と、選手獲得の際には必ずコーチに意見を求める。投手に関しては佐藤コーチ、打者に関しては田淵幸一ヘッドコーチにまず相談するのだ。佐藤コーチが言う。

「編成が勝手に決めて『さあ使え』と言われるのと、『どうだ』と聞かれたうえで獲るのとでは、こちらの気持ちがずいぶん違う。頑張らねばと思うもの」

これも星野流人心掌握術なのだろうが、実際に、

「初めて見る選手ばかりだし、よくわからんから、お前がしっかり見て意見をしてくれ」

と言われれば、現場を預かるコーチとして悪い気がするはずはない。先日、それを象徴するような出来事があった。佐藤コーチのもとに米田球団代表からこんな電話が入ったのだ。

「監督が佐藤コーチに見てもらえというので、外国人投手のビデオを送ります」

その後、永井《なが い》怜《さとし》投手の結婚式に出席するために横浜にいた佐藤コーチの携帯電話にも、星野監督からじきじきに電話が入った。

「いけるかどうか見極めてくれ」

その外国人投手とは前年、韓国・斗山《ドゥサン》で14勝5敗をマークしたケルビン・ヒメネス。140キロ台後半のスピードと、揺れるストレートが効果的で、それから程なく入団が発表された（12年まで在籍し、先発ローテーションで活躍）。

手を緩めることを知らぬ星野流の補強の裏で、いかに担当コーチの目利きが評価されているかがわかるエピソードだろう。

「今まで阪神、日本ハム、楽天と来たけれど、選手を獲るのにビデオを見せられたのは初めて。責任に重さを感じる」

と、佐藤コーチも語っている。

星野が惚れ込んだ田中将大の〝人間的強み〟

星野監督の最初のカミナリは、佐藤コーチへ落ちた。星野監督は、メジャー帰りの藪恵《やぶけい》壹《いち》を前年のシーズン途中で獲得したことに「どんな理由があったのか」と聞いてきた。佐藤コーチは細かな技術的な理由を省いて「(阪神時代に)一緒に戦った仲間だから」と答えた。その時の監督の反応について、佐藤コーチが言う。

「闘いの場に情を挟むヤツがあるか。コーチは技術で判断せいと怒られました。やっぱり変わってないなとうれしく思いましたよ」

繰り返すが、佐藤コーチは阪神時代の02年から2年間、星野監督の下でともに戦っている。

「投手出身だけに、星野監督は投手の気持ちをわかってくれるし、ある程度のことは任せてくれた。その代わり、とことん怒られた」

怒られる原因の多くは投手交代前の準備にあった。敗色濃厚な時は、ムダな投手は使いたくないし、リードしている時は勝ちパターンができている。ところが負けをひっくり返した時やその逆のケースが大変だった。「何で用意してないんや!」とどなられるのだ。

その佐藤コーチをして、「いちばんすばらしいボールを投げている」と絶賛されているのが田中将大である。田中は09年の秋季練習で、力を抜いて強いボールを投げるためのフォーム改造に着手したが、それが完成しないまま春のキャンプで足を痛めてしまった。前年の秋季練習でその続きに着手して、今は抜群の状態にあるというのだ。

練習中、佐藤コーチは田中に声をかけた。

「このままなら20勝はいける。約束してくれるだろ」

すると田中はハッキリと「勝ちますから」と返事をしている(11年は19勝5敗)。そのやり取りを星野監督に報告すると、うれしそうに顔をほころばせたという。

10年シーズンの田中は2度の一軍登録抹消でシーズンを通してローテーションを守ることはできなかった。最低限の二桁勝利(11勝6敗)はあげたものの、球数を重視するマーティ・ブラウン流采配で、勝ちを逃すケースも何度かあった。そこで、佐藤コーチが田中に知らせたのは、「今度は球の質を見られる監督だよ」ということだった。

「やればやるだけ給料が上がって、欲が出てきたのはダルビッシュ(有)の時と同じ。今年の田中はさらに一皮剥けると思うよ」

前年暮れ、田中はタレントの里田《さとだ》まいとの交際が発覚(12年に結婚)、一緒に海外旅行に行っていたことも報じられた。それでも佐藤コーチは一切気にする様子はない。

「シーズン中、頑張った分だけオフは気を緩めてもいい。いつまでも緊張ばかりしていたら気持ちの面でも続かない。新しい年になったらまた、野球にのめり込んでくれればいいんだよ」

オンとオフの切り替えができる選手は、星野監督の好みでもある。

「ウチの外野陣は12球団一や」

年末年始をオーストラリア・ゴールドコーストで過ごした星野監督。英気を養うとともに、楽天選手の成績から夫人の誕生日まで調べ上げた、ファイル5冊からなる膨大な資料を持ち込んで、分析を重ねていた。

そこで出した結論が「年間80勝」のノルマだった。前年優勝のソフトバンクでさえ76勝である。借金17でリーグ最下位に沈んだチームが掲げる目標としては、いささか高望みのように思えるが、星野監督は事もなげにこう言った。

「Aクラスを目指せば、結局Bクラスになる。優勝を目指すことで反省も出てくる。(前年最下位チームが)優勝を口にすることは、まったく恥ずかしいことではない」

中日監督時代から付けている背番号「77」は星野監督の理想の数でもある。ゴルフのスコア、ベスト体重、そして年間勝利数。だが、着々と戦力補強するライバル球団と伍していくためには、さらに高いハードルが必要になる。幸いに岩隈が残留して、田中、永井との3本柱が健在だ。ということもあってか、

「今は試合数も多くなったし、3つプラスぐらいがいい。今季は80勝が目標になる」

と、上方修正したのである。

そんな熱血ぶりもあってか、星野監督には恐怖采配のイメージが一人歩きしがちだった。野村名誉監督からも、

「いちばん怒られるのはキャッチャー。中日時代は中村武志、阪神では山田がボコボコにされた。殴られて『もう野球をやりたくない』と辞めた選手もいる。楽天では嶋が危ないな」

などと、講演などでたびたび引き合いに出されているが、楽天ナインには、「言われているほどコワモテではないんじゃないか」と映っているようだ。

10年11月の秋季練習で、新指揮官に就任したばかりの星野監督は、

「ウチの外野手は日本一」

と、いきなりホメ上げたあと、その理由について、

「どこのチームにもどこかに穴がある。巨人もそうだ。まあ、あれだけ打ってくれればいいけれど、守備だけというチームもある。その点、ウチはそこそこ打てるし、守って走れる」

と、これ以上ない評価をした。持ち上げられた外野手の牧田明久《まきだあきひさ》などは、「ドキドキします」と舞い上がりながらも、「にこやかに接してくれるけど、目は笑っていませんでした」と緊張していたものである。

中日時代、星野政権下で二軍監督を務めていた仁村徹作戦コーチ（二軍監督より異動）は、還暦を過ぎて再登板した星野監督についてこう話した。

「昔ほどではないにしても、ユニホームを着ればガラリと変わるはず」

この時は〝嵐の前の静けさ〟といったところだろうか。

長打力不足は積極走塁でカバーせよ

「監督からは昨季の3倍の盗塁を要求されている。足を絡めての攻撃で、相手にどんどんプレッシャーをかけていこうということ」

かつてイチロー、田口壮《たぐちそう》（現二軍監督）とともにオリックスの日本一の外野陣を形成した本西厚博《もとにしあつひろ》外野守備走塁コーチは、こう言って表情を引き締めた。まずは結果は度外視で、オープン戦から積極走塁を仕掛けていく方針だ。

というのも、前シーズンの楽天の盗塁数はリーグ5位の78個。ソフトバンクの148個の約半分しかない。これを一気に200個に乗せるというのだが、

「努力目標ではなく、（達成しなければあとがない）最後通牒《つうちょう》だと思っている」

と、本西コーチは覚悟を決めている（11年は130盗塁を記録）。

松井稼、岩村と元大リーガーを獲得したものの、四番に座る予定の山﨑は42歳、ランディ・ルイーズは出場82試合で12本塁打と長打力不足は否めない（11年は38試合で6本塁打）。広いKスタ宮城、そしてこのシーズンから採用される飛ばない低反発球を考えても、足を絡めたつなぎの野球が有利だというわけである。

とはいえ、前年の楽天の最大の敗因はリーグ最下位の貧打であることは否定できない。いくら投手がふんばっても、打ち返すすべもなく敗れるパターンが多かった。そこで、注目されるのが打撃コーチを兼務（11年6月5日まで）する田淵ヘッドの手腕である。星野監督とは、

「俺と星野の間には言葉はいらない。あうんの呼吸で全てやってきた」

と公言する間柄であり、北京五輪では山本浩二氏を含めて「茶飲み友達内閣」と揶揄《やゆ》されたものだ。それでも星野監督が入団に際して「1人だけ連れていきたい」と要望を出し

たのが田淵ヘッドの入閣だった。

その田淵ヘッドが早速着手するのが「打撃攻略マニュアル」の作成だという。田淵ヘッドはこう語った。

「各チームの主力級投手の攻略用マニュアルを作ろうと思う。選手の対応がバラバラではどうしようもない。チームとして攻略方針を決めたほうがいい」

並み居るエースを、かつての「ホームランアーチストの目」によって丸裸にしようというのである。ところが、そんな自信満々の田淵ヘッドにも、野村名誉監督の言葉は手厳しい。

「星野監督から叱られた選手を島野（育夫）が上手《じょうず》にフォローしていた。田淵では無理ですわ」

と、ヘッドコーチとしての気配り、目配りを否定したうえで、コーチング技術についても、

「ワシは理にかなった野球を教えてきたが、感性でやってきた野球に、楽天の連中がどれだけついて行けるだろうか」

と疑問符を付けたのだ。

秋季練習を視察した時、

「真っ白な紙に、いろんな絵を描けそう。見た中では鉄平、聖澤《ひじりさわ》（諒《りょう》）、牧田がいいね。内村《うちむら》（賢介《けんすけ》）、大廣《おおひろ》（翔治《しょうじ》）、西村《にしむら》（弥《わたる》）もおもしろい。ウチは大砲がいないから、つないでいくしかない」と、やる気を見せた田淵ヘッド。選手の自主性に任されていた前年までのバッティングスタイルを、根本的に改めるつもりだ。

「男の大小は玉で決まるんだ」

「男の大小は体の大小で決まるものではない。玉で決まるんだ。玉と言っても金玉じゃないよ。肝っ玉、ハートの強さだよ」

10年12月15日の入団発表でのことである。星野監督は、8人の新入団選手を前にして、こうハッパをかけていた。

ドラフト1位の塩見貴洋《しおみたかひろ》投手は、すっかりそのカリスマ性に心酔、「監督の熱さに負けないように頑張りたい」と正月返上のトレーニングを宣言していた。

冒頭で触れたように、星野監督は年末年始をオーストラリアで過ごし、選手の調査に余念がなかった。その一方で、コーチたちには担当部門の現状分析と今後の課題を明らかにさせたうえで、11年1月21日のスタッフ会議に臨むように要求。年が明けるとともに新体制をフル稼働させる腹づもりである。

一枚足りないのが長打力のある一塁手。星野監督は「1年365日、補強のことを考えない日はない」と言うだけに、新戦力獲得の手を緩めることはない（6月7日にルイス・ガルシアが入団）。

「球団もまだまだ補強費を出してくれるはず」

と、本社の後方支援があることを明かした星野監督。闘将の動向は開幕まで目が離せそうにない。

選手の実力は〝実戦形式〟で見極める

10年暮れの新人入団発表後に、星野監督は地元マスコミとの懇親会に出席している。マスコミを味方につけるやり方は阪神監督時代からの十八番《おはこ》。試合前の朝食会に担当記者を招いて、都合の悪い情報の封じ込めを行っていたのは周知のことである。そしてこの時も同じような方法で地元マスコミの懐柔を図った。

「星野監督は、『1月末に各局を回ってきちんと挨拶するので、それまでは近づかないでほしい』と言い、それに反するとペナルティもあることを臭わせていました。そうして1社に情報が偏ることを避ける一方で、阪神時代にNHKのカメラだけをベンチに入れたことがあるように、権威に弱いところもある」（在阪のベテラン記者）

阪神時代から8年たっても、そのポリシーは変わらないようだ。

おかげで、年末年始を過ごしたオーストラリアでの情報は、一切漏れることはなかった。ただし、ライバルチームの戦力補強情報は球団幹部から逐一報告され、分析に余念がなかったという。

星野監督はそんな中、フロントに対して「春季キャンプでは実戦を多くして選手の特性を見たい」と注文を出していた。

「2月1日の久米島《くめじま》キャンプ初日にはブルペンに入れるように投手陣に厳命していました。もちろん、打者に対しても同じ。通常第3クールから行う紅白戦を第2クールから始めて、実戦の中で、データだけではわからない選手の特性を見極める方針です。選手にとっては、開幕一軍生き残りを懸けたサバイバルになります」(担当記者)

もちろん、この実践重視の方針は担当コーチにも指示。佐藤投手コーチは、

「実戦で鍛えて、ブルペンで確認する。まずは投げ込めるだけの体力を維持して戻ってきてくれと言っておいた」

と認めていたし、田淵ヘッドも、

「試合で結果を出してナンボの世界。選手たちはわかっているはず」

と語っている。コーチ陣も星野流の厳しさを徹底していく腹づもりである。つまり、年

末年始の星野監督の沈黙は、選手たちに対する「準備を怠るな」という無言の圧力でもあったわけで、その証拠が、キャンプにおける試合漬けの日程だったのだ。

前年よりも1週間早い紅白戦、3日早いオープン戦に加え、沖縄本島でキャンプを張るチームや韓国チームとの練習試合も2月中に集中的に組まれており、対外試合は30日間で約20試合にも及ぶ。そのハードなスケジュールに、編成担当の一人は、

「監督は『任せる』と言いながらも本来、自分の眼で確かめなければ納得しない人。だからこそ実戦が必要になる」

と理解を示していたが、実際、星野監督が中日時代に彦野利勝、阪神時代に藤本敦士を発掘したのは、練習というより、実戦の中から見つけ出したものだった。

チーム内競争でベテランの危機感をあおる

星野流の選手の使い方はまず、チーム内のライバル意識をあおることから始まる。その意味で、星野監督をいちばん喜ばせたのは、岩隈の残留だった。あれだけ大々的にメジャー行きを公言しながらの契約不成立である。

「本人も当然、後ろめたさを感じているから、イメージ回復に懸命。球団のイベントに引っ張り出されてアピールするとともに、年末から休みなしで体作りもしています」（担当

記者）

このシーズンに賭ける意気込みがうかがえるのである。

その一方で、里田まいとの熱愛報道以外、オフにアピールするものがなかった田中マー君だが、ここに来て開幕投手に意欲を燃やしているという（実際には岩隈がシーズン開幕投手、田中がホーム開幕投手を務めた）。

星野監督は中日時代の88年に小野和幸が18勝、99年に野口茂樹が19勝、阪神時代の03年には井川慶（現独立リーグ兵庫）が20勝と、エースが18勝以上の勝ち星を上げた年にリーグ優勝を果たしている。この年、田中は佐藤投手コーチと「20勝します」と約束しているが、それが実現すれば、優勝の二文字はガゼン現実味を帯びてくるのだ（実際には19勝5敗で5位）。

岩隈は1月10日に行われたトークショーで、

「（田中、永井との）3人で40勝したい。貯金も25ぐらいしたい」

と、目標を掲げていた（実際には19勝17敗戦で貯金2）。田中も同学年のマエケンこと広島の前田健太《まえだけんた》（現ドジャース）が沢村賞を獲ったことで、「沢村賞を物凄《ものすご》く意識している。やる気になっている」（球団関係者）という。

阪神時代の星野監督と佐藤コーチが井川を軸にローテを回してエースに成長させたよう

に、このシーズンの楽天は田中中心のローテーションを組むことが予想される。うるさ型の岩隈もフォア・ザ・チームを例年以上に自覚しており、このあたりも星野監督をニンマリさせている。

野手陣では、チーム草創期からの生え抜き・山﨑がメジャー帰りの松井稼、岩村に対して競争意識をメラメラと燃やしている。星野監督は以前から、移籍組を厚遇してベテランの危機感をあおるという方針を採ってきた。このシーズンは山﨑には厳しく当たる一方、松井稼、岩村についてはある程度、本人の裁量に任せるはず。事実、阪神時代にはFA加入した金本を厚遇する一方、桧山進次郎、片岡らのベテランを窓際に追いやり、今岡誠を再生させたこともある（桧山は濱中おさむの故障でレギュラーに復帰）。

そんな星野流を見越してか、例年はスロースターターで、二軍から始動していた山﨑も、

「ゆっくりと構えていられない。早いうちに結果を残さないと見捨てられる」

と、危機感をあらわにしてスタートダッシュを宣言するほどである。

一方、故郷の愛媛・宇和島で自主トレを開始した岩村は、

「メジャーでは理解できないことがあれば監督に何でも聞いた。楽天でも遠慮なく聞きたい。星野監督もわかってくれるはず」

と監督との対話を重視する方針だ。岩村がレイズ時代に監督と意見交換しながら若手を

引っ張り、ワールドシリーズに出場したのは有名な話。だが、楽天はこれまで、山﨑中心にまとまってきたチームだけに、そのリーダーシップ争いが火種になる危険性も十分に秘めている（山﨑は11年オフ、岩村は12年オフに退団）。

「外国人は買わんと当たらん」

チーム内の競争意識を高めるのが星野楽天の基本方針だが、監督自身が現状の戦力で満足しているわけではない。何しろ、チームの弱点である「抑え」がいまだ決まっていないからだ。

前年は160キロ出ると期待されたモリーヨが制球力不足で通用せず、川岸（13セーブ）、小山（11セーブ）で何とかしのいできたが、力不足は否めない。オーストラリア行きまでに、抑え投手を獲得したかった星野監督は、ヒメネスと契約したほか、メジャー選手の調査に動いたものの、結局決め手にはならず、秋季キャンプのテストを受けに来た元Dバックスの金炳賢《キムビョンヒョン》（入団したが一軍登板なし）を再調査することになったのも、候補が絞り込めなかったためである。

中日時代に郭源治、阪神ではウィリアムスと外国人ストッパーを中心にチーム作りをしてきた星野監督が、新天地でもこれを求めるのは当然のことだ。

「抑えについては3月までかかってもいいと思う。最悪の場合は5月でもまだ間に合う。3月のロースター登録を外れた選手に結構、安くていい選手が残っている」

と語り、選考にじっくりと時間をかけるつもりだ。過去には99年、中日を破って日本一になったダイエーのロドニー・ペドラザ、90年に星野監督みずから獲得し、35セーブを上げた中日のエディ・ギャラードなど、開幕後に来日した選手が大活躍したケースを目の当たりにもしている。

「外国人選手は宝くじと同じ。買わんと当たらんし、買っても当たらん、というじゃないか」

と言いながら、その必要性については星野監督本人が最も重視しているのだ。何より、投手力を主体とする守りの野球を標榜する星野監督にとってみれば、安定した抑え抜きで長いペナントを戦う事態など考えられない。

星野監督は言う。

「抑えはリードした時に使う投手。野球は後ろから計算していくだけに、そこが信頼できないと全ての流れが変わってしまう。前の投手の努力も水の泡。それだけに、最もきちんとしなければいけない」

野村名誉監督は、

「枝葉はいくらでもできるが、幹がしっかりしてないとチーム作りはできない。だいたい星野はチーム作りをしたことがあるのか」

と語っていたが、このシーズンの楽天は岩隈・田中の両エース、四番・山﨑という幹が確かにある。そこに絶対的なストッパーが加われば、その幹はとてつもなく大きなものとなる（2月16日にライアン・スパイアーが入団したが、最終的に先発からダレル・ラズナーが転向した）。

「ともかく野球を考えているのが楽しくてしかたがない」

と言う星野監督。沈黙期間にシーズンの青写真について熟考に熟考を重ねた。

名古屋でＫスタ宮城の年間シートが売れた理由

星野監督の存在感を知らしめたのが年間シートの売り上げであった。監督就任が決まった10年10月27日以来、着々と売り上げを伸ばし、６００席を超えた。

「めったに見に来られないだろうに、名古屋でも結構売れている」（球団関係者）

星野監督の凄さの一つは、広い人脈を通じた政治力と情報収集能力である。楽天監督に就任するにあたっては、まずＳＤの要職にあった阪神の南信男《みなみのぶお》球団社長と接触。真弓明信監督の後任について議論したうえで（その後、和田豊が就任）、それが無理となると、次に「楽天監督候補に星野氏」と報じたスポーツ紙記事の反応を見る。その反応がよいとなると、今度は楽天・三木谷会長が阪神の坂井信也《さかいしんや》オーナーと会談して仁義を切るという筋を通したやり方で、各方面を納得させた。

三木谷会長の後ろ盾になっているのは渡邉恒雄読売グループ代表。「星野に捲土重来《けんどちょうらい》のチャンスを与えたい」と口にしたことが、三木谷会長が星野監督獲得に動いたきっかけになったとも言われており、また、三木谷会長がプロ野球に進出する際、援軍の一人となったのがトヨタの奥田碩《おくだひろし》相談役（当時）である。

11年、トヨタの子会社「セントラル自動車」の工場が宮城県内に建設され、操業を開始した。中部、九州北部に次ぐ国内第3の生産拠点となり、雇用は増え、地元景気を大きく刺激する。その経済波及効果と、星野新監督効果を合わせれば、Kスタ宮城の観客動員増にもつながると親会社は踏んでいるのだ。名古屋でKスタ宮城の年間シートが売れるのも、そのあたりと無関係ではない。

オープン戦の組み合わせもいい。第1戦が2月20日の那覇《なは》市営奥武山《おうのやま》野球場、最終戦が3月21日の東京ドームと、巨人戦で始まり巨人戦で終わる日程となっており、注目度はガゼン高まる。

「俺の目標数値は背番号と同じ77だった。体重、ゴルフのスコア、年間勝利数。ただ今年は80勝かな」

　高らかに、したたかに笑った星野監督。この言葉を日本一のロッテ・西村監督、最高の補強ができたソフトバンク・秋山幸二監督、戦力充実の西武・渡辺監督、斎藤効果で人気沸騰の日本ハム・梨田昌孝監督、天敵のオリックス・岡田彰布監督（いずれも当時）は何と聞くのか。歴史的熱パの火蓋が切って落とされた――。

第8章

巨人を倒して「日本一」になる!

——星野仙一の夢実現力［2013年・楽天優勝］

「巨人を倒して日本一になる」という悲願を達成し、本拠地Kスタ宮城（現楽天生命パーク宮城）でナインの胴上げを受ける星野監督（2013年11月3日）

「六番と九番を除いて、固定メンバーでいく」

ロッテとのクライマックスシリーズを制した後、銀次《ぎんじ》（赤見内《あかみない》銀次）は、主将の松井稼頭央に訊《き》いた。

「カズオさん、日本シリーズって打撃戦になるんですかね？　相手は巨人ですよ」

松井稼は答えた。

「絶対、重苦しい試合になるよ。相手投手だっていいし、そんなに点は取れない。でも、それは俺たちの望むところだよ。センター中心に打ち返していくしかない。巨人は長打狙いだけど、俺たちはつないでいこう」

活路は、つなぐことから生まれる。いつも何気ない会話からさりげなくそう伝えられてきた銀次は、黙って頷《うなず》いた。「カズオさんの言葉にはいつも含蓄がある」という信頼感が、野手陣の支えになっている。

星野仙一監督はシリーズ前日の監督会議で、〝王者・巨人だから〟と胸を借りるフリをして、予告先発を申し入れた。星野監督はスタメンについて「六番と九番を除いて、固定メンバーでいく」と明言。六番と九番を、相手投手が右か左かによって使い分けることを決めていた。事前に相手投手がわかる予告先発は、非力な楽天の方に、より有利に働く。

その〝策〟に原辰徳監督が乗ってきた時、楽天の野手の間には「ウチの監督の方が一枚上《うわ》手《て》だ」という安心感が漂った。初めて迎える頂上決戦を前に、銀次などは「ＣＳ（クライマックスシリーズ）の方が緊張した」と話すほど余裕を持って臨むことができていた。

直前のミーティングでは、「ともかく体を張っていこう」ということと、「センターを中心に、逆方向狙いに徹していこう」という打撃の基本を確認。さらに、スコアラーが集めたデータの再チェックを行った。内海哲也《うつみてつや》と杉内俊哉の両左腕に対しては、落ちるボールを引っかけないこと、スライダーはセンター返し、と対策が徹底されたのだった。

そして迎えた日本シリーズ第1戦。巨人の先発はエース内海。いくら予備知識があっても難攻不落、簡単には打ち込めない相手である。楽天はルーキー則本昂大《のりもとたかひろ》の力投に応えられないまま、0―2で完封負けを喫した。

8回、マウンド降りた則本にアンドリュー・ジョーンズがこう声をかけた。

「次は必ず、ハッピーにする」

則本は「この言葉に救われた」という。

星野監督が「柱ができれば枝葉はどうにでもなる」と信頼を寄せる主砲のジョーンズとケーシー・マギー（現巨人）。この二人が見せるナインへのさりげない配慮は大きな力になっている。第1戦でゴロばかり打たされた銀次は「ボールになる球に手を出している」とジョーンズに指摘され、ハッとしたという。

第1戦で放ったヒットは9本。無得点に終わったが、それでも田代富雄《たしろとみお》打撃コーチは「明日につながる敗戦」と言い切った。それは、打球の多くが逆方向へのもので、ミーティングでの指示が徹底されていたからだった。

田中将大が満を持して登板した第2戦。0—0で迎えた六回表、ピンチを背負った田中に駆け寄るマギーの姿があった。「お前は大丈夫だ」と何度も声をかけ、松井稼もまた、こまめにマウンドに足を運んだ。「若い投手を支えてくれたのは、この二人だ」と佐藤義則投手コーチも言う通り、打撃だけでなく、ピンチに立たされた時のアドバイスで、投手はどれだけ救われてきたことだろう。田中はこの二死満塁の場面で、マギーの「思い切れ」という言葉通り、ホセ・ロペス（現DeNA）にストレートを投げ、三振に打ち取った。

その裏、一番の岡島豪郎《おかじまたけろう》が逆方向のレフト前ヒットで出塁すると、藤田一也《ふじたかずや》がきっちり送りバントを決める。12年シーズン、DeNAから移籍してきた藤田は、移籍後、「なぜトレードになったのかを考えた」という。自分なりに出した答えは、自己犠牲が足りなかったから、だった。そして13年シーズンは33個の犠打を記録。星野監督が「俺が二番にした理由がわかるやろ」と自慢するほど立派な二番打者になった。

この試合初めて作ったチャンス。ここで銀次がセンター前に先制タイムリーを放つ。前日のジョーンズのアドバイスを生かした一打だった。続く七回には藤田のしぶとい内野安打で、貴重な追加点が入った。

ロースコアゲーム特有の重苦しい空気の中、徹底したセンター返しを実践してもぎとった1勝。松井稼は「気分が楽になって、東京に行くぞ！」と大声を張り上げていた。

「杉内を攻略するには、三回までボールになる球を見逃すこと。そうすれば、苦しくなった杉内は内側を攻めてくる」

先乗りスコアラーとして巨人についていた関口伊織《せきぐちいおり》は、第3戦に先発する杉内攻略の糸口をそう報告していた。

第3戦で六番に起用されたのは、牧田明久。楽天の創設時メンバーである牧田は、生き残りをかけて、与えられた出番では必死になって頑張る。こうした野手間の競争もまた、このシーズンの楽天の強さを支えるものだった。

二回、楽天に早くもチャンスが訪れる。そのきっかけをつくったのは、牧田が起用に応えて放ったセンター前ヒットだった。続く松井稼はライトへ弾き返す。牧田は三塁を欲張ってアウトになったが、それでも続く嶋基宏が7球粘って四球を選び、岡島の死球で満塁に。ここで藤田、銀次が連続二塁打を放って一挙4点を奪い、杉内をKO。試合を決めた。

「カウント1—1からストライクを取りたがるのは、杉内のソフトバンク時代からのクセなんですよ」と語るのは、小池均《こいけひとし》スコアラー。「それを思い切りよく振ってくれました」と、小池は藤田と銀次の打撃に目を細めた。

2勝1敗とリードして迎えた第4戦を前に、捕手で登録されている岡島は言った。

「自分が投手をリードしているつもりで打席に立て、と嶋さんに言われてます。それを意識して打席に入ったら、配球が読めるようになった。今は塁に出ることだけを考えてます」

岡島には、シリーズ前、打撃コーチからこんな〝一番打者の心得〟が与えられている。

「コントロールのいい内海には積極的に、球に力のある菅野《すがの》（智之《ともゆき》）は追い込まれる前に、立ち上がりの悪い杉内はじっくりと攻めろ。そしてコントロールの悪い（デニス・）ホールトンも、じっくりと見て入れ」

第4戦の初回、岡島は先発ホールトンに対し、〝心得〟通りじっくり球を見極めて四球を選ぶ。動揺したホールトンは藤田に死球を与え、一死一、二塁になったところでジョーンズに本塁打が飛び出し、楽天はいきなり3点のリードを奪った。五回に逆転を許したが、続く六回、松井稼が出塁すると、嶋がきっちり送り、ここで、レギュラーの座を一度は失い、目の色が変わったかつての一番打者・聖澤諒が同点打を放った。以前の楽天には見られなかった粘り。結局、七回に勝ち越しを許して試合には敗れたものの、「これまでなら逆転されたところでシュンとなるのに、よく追いついた」と、田代コーチも星野監督も光明を感じられる敗戦だった。

これで2勝2敗のタイにされたが、選手の間に暗い雰囲気がまるでなかったのは、仙台に戻れるという安心感があったからだろうか。銀次が言うように「失うものは何もない」という思いが強かったのかもしれない。

シーズンの勝ちパターンを貫く星野采配の集大成

銀次や枡田慎太郎《ますだしんたろう》が松井稼に食事に連れて行かれた時、いつも聞かされる言葉がある。

「野球はミスがあっても、取り返しのつくスポーツやから」

第5戦は、第1戦で1点もとれなかった内海が先発。楽天ナインは「取り返そう」という強い気持ちで臨んでいた。

三回、松井稼がセンター返しで出塁すると、嶋がエンドラン。打球は一塁手ロペスの頭上を越えて一、三塁と、チャンスが広がった。

星野監督がシーズン中、七番・松井稼、八番・嶋の打順を崩さなかったのには理由がある。松井稼が塁に出れば、右打ちの上手《うま》い嶋を使って、様々な仕掛けができるからだ。

「2人だけで決めた」というサインでエンドランをかけたこともあった。

一死後、岡島は「コントロールのいい内海」に対し、積極的に打ちに出た。2球目を三遊間に流し打って、松井稼が生還し、先制。さらに銀次がライト前に運び、追加点を挙げる。銀次は、この日の第1打席の二塁ゴロで、内海に4打席連続の内野ゴロを喫していた。ここで思い出したのが、ジョーンズの「目線を上げたらいいよ」という言葉。その助言通りのバットコントロールが呼んだ2点目だった。

下位でチャンスを作り、上位で得点を挙げる。これこそがこのシーズンの楽天の勝ちパターンだ。九回に同点に追いつかれるも、延長十回、2点を奪って突き放し、日本一に王手をかけた。星野監督が「本当にしびれるような試合だった」と振り返った一戦の重みを、聖澤はこう振り返った。

「シリーズが始まるまでは〝強い巨人〟と言う意識があったけど、全員が〝いける〟と感じたと思う」

嶋は、こんな思いを胸に、東京を後にした。

「不敗の田中もいるけれど、自分たちには絶対の東北のファンがいる――」

第6戦、楽天の先発は不沈艦・田中。この大事な一戦で、楽天はまたもや先取点を奪った。二回一死後、巨人の先発・菅野に対し、枡田が8球粘って四球で歩くと、松井稼は6球目を打ってライト線に運ぶ。これがエンタイトルツーベースとなり、二、三塁。この時、次打者の嶋は打席に入りながら考えていた。自分に対する配球が内角に偏っていることに気づいていたのだ。「阿部（慎之助）さんは内角を攻めてくる」と読んだ嶋は、4球目の内角球を思い切り引っ張った。強い打球が三塁に転がる。走者の背中に送球が当たるのを恐れた村田修一は本塁に投げられず、先制点が入った。さらにロペスのトンネルで2点目も入り、誰もがこれで楽天の日本一は決まりと思った。

だが五回、そのロペスに一発が出て試合は振り出しに。さらに田中は連打を浴び、まさかの逆転を許してしまった。打たれた田中のもとにマギーが歩みより、何度も何度も首筋をさする。それは、野手たちがこれまで抱いてきた田中への思いを表しているかのようだった。

敗戦後のロッカールームで、主将の松井稼は「田中の160球に報いるため、明日は絶対に勝とう」とだけ言った。銀次も「自分が絶対に打つ」と誓ったという。嶋は「完投してくれたことで、よーし、と言う気持ちになったかもしれません」と、のちに振り返った。

第7戦は総力戦だ。勝ちたいという思いが強い方が勝つ。

「どんな形でも欲しい」と松井稼が話していた先制点が、初回、坂本勇人《さかもとはやと》もエラーという思わぬ形で楽天に転がり込んだ。「立ち上がりをつぶせ」というデータ通りの攻撃で先発の杉内を攻めたて、続く2回にも嶋の四球と岡島の二塁打で1点を追加。さらに四回には、牧田がソロ本塁打を放ち、試合の主導権を握り続けて、3―0で快勝。ついに悲願の日本一を達成した。

このシリーズで、楽天の打者は自分のやるべきことを理解し、それを徹底していた。それはセンター中心、逆方向へのバッティングであり、データに忠実な投手攻略法だった。ジョーンズ、マギー両外国人の「フォア・ザ・チーム」の精神をサポートしたのは、メジャー帰りの松井稼だった。岡島、藤田、銀次の左トリオは、つなぎのバッティングを見事に実践。そして嶋や聖澤は、何とかして出塁を、という気持ちで打席に立ち続けた。投手ばかりが目立つ楽天だが、彼らに〝後につなぐ〟気持ちがあったからこそ勝ち取れた日本一だった。

野球を始めてからこれまで一度も日本一になったことのなかった松井稼は、九回の守りについた時、体に震えが来たという。そして試合後、後輩たちにこう言った。

「なっ、重苦しい試合が続いたろ。こうやって強いチームになっていくんだよ」

それを聞いた全員が、黙って頷いた。

〝決着〟をつける場面は、必ず田中に託す

2013年日本シリーズ第7戦九回表。楽天球団創設9年目にして初めて迎えた日本一を決めるマウンドには、やはりこの男、前日160球で完投した、田中将大が立っていた。

だが、連投のせいで、ストレートに伸びがない。村田とロペスに打たれ、二死ながら一、三塁、本塁打が出れば同点のピンチを招く。バッターは代打・矢野謙次《やのけんじ》（現日本ハム）。巨人の誇る一発屋である。田中はスプリットを3球続け、1—2と追い込んだ。試合途中から降り出した冷たい雨が、田中の肩に降りそそいでいる。マギーがさりげなく、マウンドの田中に向かって、何か囁《ささや》いた。

田中が楽天に入団した07年以来、7年間にわたりコンビを組んできた捕手・嶋は、この試合の最後の一球が、田中の日本での最後の一球になるだろうと思っていた。

「最後の球はストレートで行きたいのかなと思いました。でも、すぐに考え直して、スプリットにした。力勝負で三振を取りにいくより、落として打ち取った方がいいと思ったんです」

嶋が選択したのは、4球連続となるスプリット。マギーが取った僅かな〝間〟が、変化球連投のサインを出し易くしていた。黙ってうなずいた田中は、ストライクゾーンからボールになる142キロのスプリットを投げる。矢野のバットが空を切る。この瞬間、楽天の日本一が決定した。

「当たり前にはできないことを当たり前にやるのがスーパースターならば、ファンが思っている以上のことをやるのが、超スーパースター。田中は〝超〟がつく人間だから、東北の被災地で人々が思ってる以上のことをしなければ、〝底力〟じゃないのとちがうか」

星野監督はかねて、優勝決定のマウンドには田中がいるのがふさわしいと考えていた。だが、前日に160球も投げた人間が、現実に連投など出来るのだろうか。星野監督は、佐藤コーチを通じて、本人の意向を確かめた。

佐藤コーチが語る。

「本人が『いく』ということであればいってもらおう、と話していました。ウチは田中で勝ってきたんだし、投げる意志があるのなら、それが一番いいんだから。本人が『いきます』と言うから、いってもらうことにしたんです」

田中には、〝悔いや未練を残して終わりたくない〟という思いがあった。7年前の06年、斎藤佑樹の早稲田実業と対戦した駒大《こまだい》苫小牧《とまこまい》の田中は、延長十五回引き分け再試合で、先発マウンドに立たなかった。夏は胃腸炎で体調を崩しながらの投球を強いられたため、香《こう》田《だ》誉士史《よしふみ》監督（現西部《さいぶ》ガスコーチ）に「先発はどうか」と聞かれた時、「僕はいいです」と答えて、先発を辞退したのである。その結果、早実に先制点を許し、自身もリリーフ登板したが3失点。3―4で敗れてしまった。その時優勝出来なかった悔しさが、田中の中には残っている。あの時も、体調さえよければ、と。だからこそ、第7戦も体調がよければ投げたいと思っていた。

香田監督はこう語っていた。

「あの子は自分の状態を冷静に分析し、決して無理をしてまで何かをやるタイプではありません。でも、こちらが何を願っているか、何をしてほしいのか。その〝察知能力〟には、すごいものがあるんです」

日本一がかかった地元・仙台で、星野監督が一番望んでいることは何か、多くのファンが待っているのは何かということを考えた末、自らマウンドに立つことを志願したのだった。そして日本一の座を、三振で手に入れたのである。

星野監督はこのシーズン、〝決着〟をつける場面では、必ず田中にマウンドを託してきた。リーグ優勝を決めた9月26日、西武ドームでの西武戦の九回。そして、日本シリーズ進出を決めた10月21日、Kスタ宮城でのクライマックスシリーズのロッテ戦の九回である。

1点差という痺れる場面での登板だった西武戦はともかく、ロッテ戦は、リードが3点もある中での登板だった。田中は試合後、「地元Kスタで監督を胴上げ出来たのが一番」と言って、自分のピッチングについては一切語ろうとはしなかった。日本シリーズの第1戦が、5日後に迫っていた。

「田中、中4日でいけるのかな」

それでも星野監督は、クライマックスシリーズで初戦の先発を任せたように、日本シリーズでもやはり第1戦は田中に投げさせたい、という気持ちだった。佐藤コーチにポツリとこう漏らした。

「田中、中4日でいけるのかな」

佐藤は、直接、本人に訊くことにした。田中とのつき合いがもう5年になる佐藤は、田中の性格を熟知している。

「田中本人は、いつでも自分がより良い状態で投げたいというタイプ。名誉とか見栄《みえ》とかはあまり気にしない。ただ、自分が口にしたことは、キッチリと責任を持ってやり遂げてくれる」

このシーズンの開幕戦、ヤフオクドームでのソフトバンク戦で開幕投手の栄誉を担ったのは、田中ではなく、新人の則本であった。この時も佐藤は田中に、投げるかどうか訊いている。田中はWBCから帰国したばかりで、当然、疲労は残っていた。それでも、相手のエース・攝津《せっつ》正《ただし》は開幕戦に投げる。エース同士の意地もある。だが、その時の田中の答えは、「疲れの具合を考えて、あと2日調整させて下さい」だった。

「今年、田中があれだけ連勝したことを考えたら、無理をして開幕に持って来なくてよかったと思う。まずは本人が納得して投げてくれるのが大事だし、俺たちだって、選手がより良い状態で仕事をしてくれる方を選ぶんだから」

日本シリーズの開幕前、佐藤は田中に意思を訊いた。田中にしてみれば、〝(中4日の登板に)少しでも不安を持っているから、自分に訊いてくるんだ〟と思ったに違いない。田中と同じような〝察知能力〟を持っていた江川卓が、かつてこんなことを言ったのを思い出す。

「〝お前しかいない、行け〟と言われれば、そりゃ、行きますよ。〝行けるか？〟と訊かれれば、それは、良い状態で投げられる登板を選びますね」

田中も、より良い状態で投げられるのは中4日よりも中5日だと判断し、第2戦の登板を選択した。佐藤が言う。

「自分で判断できる投手だし、自分が決めたら、キチンと仕事をしてくれるからね。それに、あの時は台風が近づいて来てた。もし初戦が雨で流れて翌日に順延となった場合に、中5日でキチンと調整できている田中が待っていれば心強い。Kスタで2勝、と皮算用をしたけれど、万が一、初戦で負けても田中で2戦目をとれば、1勝1敗のタイに追いついて移動日を迎えられる。負けて移動するのと、勝って移動するのとでは、気持ちも違ってくる。だから、2戦目を任せることにした」

初戦の先発を回避したことについて、田中の耳に、様々な雑音が聞こえてきた。シーズン中にも、〝エース対決を回避するから連勝できている〟という声があった。田中は内心、こう思っていた。

「結果を出して、周囲を黙らせたい」

則本の好投が報われず、1敗を喫して迎えた第2戦。田中は、立ち上がりから気合いの入った投球を繰り広げる。シーズン中の田中は立ち上がりが決してよくはなかった。佐藤コーチは「排気量の大きい車はエンジンのかかりが遅いのと一緒」と言うが、受ける嶋もそのことは十二分にわかっている。だから、立ち上がりは、よく注意深くリードしようと心に決めていた。だが、注意深くといっても、慎重なリードをしようというのではない。逆に、大胆な攻めを心がけたのだ。

嶋はこう振り返る。

「前日に負けてるし、相手を勢いづけさせたくなかった。とにかく、腕を目一杯振れる球種を、思い切って投げてもらおうと思ってました」

首脳陣からも、「立ち上がりは、とにかく腕の振れる球種を使ってくれ」と厳命されていた。佐藤コーチが言う。

「日本シリーズの初登板は、どんな投手でも緊張するもの。思い切り振ることで、緊張感も解けてくる。逆に、ストレート系の腕を振れるボールではなく、スライダーのような〝切る〟球種を選ぶと、腕が縮こまってしまう。相手のデータを考えるよりも、投手に気持ちよく投げさせてくれ、と言ってありました」

初回、巨人の一番打者は長野久義《ちょうのひさよし》。長野は初球、田中が投じた１４９キロのストレートに手を出し、あっけなく一塁フライに倒れる。嶋が「あれは助かりました」という、１球でとった１つのアウトで、田中は早くも波に乗る。寺内崇幸《てらうちたかゆき》はストレートで追い込み、スプリットを落として三振を奪う。三番・阿部は四球で歩かせたものの、続く村田を三塁ゴロに仕留めた。

嶋が巨人の打者で最も警戒していたのが、阿部である。リードの課題は、いかに阿部を封じるか。初戦からそのことで頭がいっぱいだったほどだという。「何しろ、『巨人は阿部のチーム』と、原監督が言ってたくらいですから」と嶋は言うが、首脳陣からも阿部に対しては、「高低を使って攻めろ。不利なカウントになっても、四球は出していいから、カウントを稼ぎにはいくな」という指示が出ていた。嶋は田中と「阿部さん、村田さんは塁に出しても走られる心配がない。次の打者に集中していこう」と話し合っていた。

いつもより早くエンジンがかかった田中は危なげない投球を続ける。巨人先発の菅野も、楽天打線を寄せつけない。田中はかつて「同じ右の本格派の投手には負けたくないという思いが強い。絶対、先に点はやらないという気持ちで投げている」と語ったことがあるが、この日も同じ思いだったに違いない。

田中が大きなピンチを背負ったのは六回だった。四球、ヒット、四球で、二死満塁。打席には強打者ロペス。簡単にツーストライクと追い込んだ7球目、ファウルを挟んで、2—2となったところで、嶋はこの打席で初めて内角に構えた。「ボール球を挟んでの内角勝負」は、二人の暗黙の了解事項だった。152キロのストレートが内角を抉《えぐ》る。空振り三振。ガッツポーズとともに雄叫《おたけ》びが上がる。このシーズン再三再四ピンチの際に出た〝走者を背負ったときのアドレナリン〟が全開したのだ。

「自分が作ったミス（四球で走者を出したこと）だから、自分で刈り取らなければいけないと思って投げました」

試合後、田中は涼しい顔でこう言ったが、何よりも嬉《うれ》しかったのは、その裏、銀次が先制タイムリーを放ったことだった。〝銀次、よく打ってくれた〟と、同世代のチームメイトに感謝した。楽天は七回にも1点を追加し、リードは2点に広がった。だが、八回一死を取ったところで、寺内に初球をレフトスタンドに運ばれる。明らかな油断だった。それは、ギアチェンジして阿部と村田から連続三振を奪った、直後の投球を見てもよくわかった。

田中は九回も三者凡退に抑え、127球の完投勝利。〝いい状態で投げれば勝てる〟第2戦での登板が正しかったことを証明してみせた。それでも田中は言った。

「1点取られて残念です。やっぱり、完封したかった」

攻め続けた男が簡単にストライクを取りにいった結果の本塁打だったから、余計、悔しかったのかもしれない。

星野監督は「出していい四球と悪い四球がある。阿部に対して、四球か三振か、徹底して攻めたのがよかったな」と、バッテリーをねぎらった。

「最後は田中と決めていた」

次回の登板までの5日間、いつも通りの調整を続けた田中が、2度目のKスタのマウンドに立ったのは、王手をかけた第6戦だった。

「誰もが勝って当たり前と思っている時に投げることほどしんどいことはない」

これは、アテネ五輪のアジア予選の際に上原浩治が漏らした言葉だが、「王手？　気にしてません」と言った田中がいつもの精神状態でないことは、嶋が一番わかっていた。

この日の投球内容は、本人も認めたように、ずいぶん投球ミスが多かった。原因は緊張による力みか、疲労か、体調か。第2戦では空振りが取れていた球をファウルされていたことが、調子が万全ではないことを物語っていた。

楽天は二回、相手のミスから2点を先制。田中はよくないなりに慎重に攻め、恐らく〝田中の名前〟も効いたのだろう、巨人打線を四回まで0点で抑えた。だが、「投手は初回、五回、九回に、ふだんと違う精神状態になる」（山田久志）というが、田中に異変が生じたのは、投手が勝ちを意識する五回だった。

この回の先頭打者は、同い年で、小学校時代には同じチームに所属した〝ライバル〟坂本勇人。かつて、「一枚上」と言われた坂本を、田中はここまで完全に抑え切って、見下ろせる存在になっていた。その坂本に甘く入ったストレートを左中間に二塁打される。

「田中がカッとなって、アドレナリンを出す時は、得点圏に走者を置いて、三振を取りにいく時なんですよ」

と教えてくれたのは楽天のスコアラー・小池だが、まさかの二塁打に熱くなった田中は、ジョン・ボウカーから三振を取りにいき、見事、空振り三振に仕留める。嶋はこのシーズンの田中の成長について「何が何でも三振なんてことは考えていない。でも、三振を狙った時に、三振が取れるんです」と語ったことがある。そして、「もし本塁打を打たれたら、自分の配球ミスです」と続けた。

続くロペスに対しては、警戒しながらボールから入り、2—0。その後、150キロ、

149キロのストレートをファウルされる。これで嶋の頭によぎったのは、第2戦の六回二死満塁でロペスを三振にとった内角152キロの快速球だったという。この場面では、ストレートをファウルにされたから、今度は、内角に変化球を投じた。だがこれが甘く入り、ロペスの一打は、レフトスタンドに飛び込む同点本塁打になってしまった。試合後、嶋は「自分のミス」とうなだれたが、田中にしてみれば、自分のコントロールミスの責任を全て負ってくれる先輩の気持ちは本当にありがたかった。

巨人打線は、それまでの鬱憤を晴らすかのように畳み掛ける。寺内はライト前へ、長野は初球をレフト前に運ぶ。重盗は失敗したが、亀井善行《かめいよしゆき》が四球を選んで一、三塁。マギーがマウンドに駆け寄って「腕を振れ」と言うが、田中の耳には入らない。高橋由伸相手に力勝負に出てセンター前にはじき返され、3点目を献上。まさかの逆転を許してしまった。

星野監督は七回、120球を越えた所で、佐藤コーチに交代を打診した。だが、佐藤コーチの答えは、「駄目です。アイツ、最後までいくと言っています」だった。

九回、逆転タイムリーを打たれた高橋を152キロのストレートで三振に斬って取ったのは田中の意地だったが、球数は160球に達していた。

「最後までマウンドに立ってやろうという気持ちはありました。投げミスが多く、こういう大事なところで出てしまったのは、自分の力のなさです。今シーズン、もっときつい時があったし、コンディションはいつもと変わらなかった。最後は球場がどうやったら盛り上がるか考えました。三振をとれたのはよかった。明日は自分のできることをやりたい」

この年喫した初めての敗北に、田中は珍しく、饒舌《じょうぜつ》だった。

勝っても負けてもこれで終わりの第7戦。田中の負けじ魂が出たのは、3—0とリードし、日本一達成が見えてきた七回であった。本人が投げるというのだから、もう誰も止められない。また、それは節目、節目で田中を使ってきた星野監督も、望むところであった。

「最後は田中と決めていた。でも、アイツ、こっちをハラハラさせながら、キッチリ演出して、しめくくるよな」

星野監督がそう言ったように、リーグ優勝を決めた西武戦では、一死二、三塁のピンチを背負いながら栗山巧《くりやまたくみ》、浅村栄斗《あさむらひでと》の三、四番に対して、8球続けてのストレート勝負。連続三振で、優勝を決めている。日本シリーズ進出を決めたロッテ戦でも、このシーズン11打数4安打と打たれた井口資仁を、最後の打者として打ち取った。だが、さすがに160球を投げた翌日の登板である。いつもと様子が違って、力勝負を避け、変化球を低めに丁寧に投げていた。だが、この投球ができることが、このシーズンの連勝につながったと嶋は言う。

「体調や状況を考えて、絶対に無理して三振を取りにいかない。こっちがサインを出しても危ないと思ったらボールにしてくれる。そういうことが出来るんですよ」

今度こそ本当に「最後」の15球を投げ終え、日本一に輝いて、「最高のシーズンでした！」とお立ち台で叫んだ田中。このシーズンの成績は、レギュラーシーズンとポストシーズンを合わせ、26勝1敗2セーブという驚異的なものだった。

嶋は、「田中のボールを受けたことは、捕手にとって最高の幸せでした」と言った。田中にとって最高の「贈る言葉」であった。

おわりに――星野仙一が期待され続けた理由とは？

アメリカの言いなりになり、官僚ばかりが優遇され、一般市民はつねに冷遇される世の中にあって、世界に目を向けて闘っている男たちに強さと凄みを感じている。

その一人が、北京五輪の代表監督である星野仙一だと思う。1000万人いるといわれる団塊の世代の代表の一人でもある。還暦を過ぎてからもなおまだ戦いの中に身を置き、燃え続けている姿は頼もしくもあり、うらやましくもある。

何が星野をあれだけ燃えさせているのか。王貞治、長嶋茂雄の〝ON〟に代表される戦前生まれの人たちが長い間にわたって球界に君臨する中で、どうも団塊の世代のリーダーたちは上からの圧力、下からの突き上げの中で自分の地位を保てなくなっているように思えてならない。いい人材がそろっているのに、個性がないし、厳しく戦う姿勢も弱い。人数が多いことから妙に妥協してしまって、ものわかりがよくなって争うことを嫌い始めているから、個性を前面に出さなくなってしまったのか。

その中で、星野の行動力には並外れたものがある。どうしても欲しいものがあれば、みずから飛んで出かけていく。

中日監督時代、投手コーチとして山田久志の獲得に動いた時などは、滞在していたロサンゼルスからみずから電話をかけてアポイントを取り、関西国際空港から直行して、兵庫県西宮《にしのみや》市の山田の自宅に出向いている。

巨人の長嶋監督からの誘いを断っていた山田にしてみれば、いくら星野の頼みでも巨人に悪いと思う。だが、直接訪れてくれ、しかも将来の監督の座まで用意すると言われればグラリとくる。これが星野の口説き術だ。それをそのまま実行するから信用される。そして、入団の時の約束であった監督の座まで譲っている。その行動力と実行力は、やはり並大抵ではない。

一度約束したことを必ず実行するから、星野の周囲には人が集まってくる。〝この人のために〟というように、〝人がつく〟のである。

北京五輪の日本代表監督に就任した時には、同世代の田淵幸一、山本浩二に対して、間髪入れずにコーチ就任を要請。2人はいとも簡単にそれを受けたことも、それを証明している。

〝この人のために〟という気持ちがあっても、金銭的なバックアップがない限り、なかなか受諾しにくいはずだが、それを即答できる関係は、〝アイツの頼みはそういう面でもまったく心配がない〟という信頼関係がなければ成り立たない。一見、義理人情を仲介にした人間関係のように見えるが、そういうドライな部分でもきちんと処理しているからこそ長続きしているように思えてならない。星野の人望は〝この人についていけば〟と思わせる懐の深さを持つ一方で、〝黙ってついていけば、必ず面倒を見てくれる〟という面倒見のよさのうえに成り立っているように思えてしかたがない。

団塊の世代の多くの人間たちは、一見、面倒見がいいように見えて、じつは面倒くさいことにはかかわりたくないという気持ちを内心では持っている。その中で、星野の生き方は、自分にとって、他人にとって有利になると思ったら積極的に助ける行動力がある。そのうえで、自分が育ってきた土壌の大切さを知っているので、故郷の岡山においても、球界においても、もっと打算的にものを考える下の世代からも信頼されているのだ。

そういう背景のもとで、長嶋のあとを受けて北京五輪の代表監督を引き受けざるをえなかった。東京六大学を中心とした全日本アマチュア野球連盟への信頼と、日本野球機構への影響力を考えた場合、この人以外には考えられない、といった状況に立ち至ったからだ。それだけの逸材が私と同世代にいたと思うと、妙にうれしくなる。

その意味でも、北京五輪の代表監督の実像をもっと知っていただければ、もっと野球日本代表を応援したくなると思って、前作『野村・星野・岡田　復活の方程式』（イースト・プレス、05年）の星野に関する項目に書き下ろし原稿を追加した改訂版を書くことにした。同世代からの応援メッセージと言ったらおこがましいだろうか。

そのために、イースト・プレスの畑祐介氏の協力を仰いだ。また、構成に協力してくれた中村裕一氏の尽力で本書が完成したことに感謝したい。

残念ながら、台湾でのアジア予選は外からしか見ることができなかったが、北京五輪では現地で、その元気さと人心掌握術を間近で見てみたい。

日本代表監督というプレッシャーは並大抵ではないはず。そんな中で見せる強気と弱気。そんな時の人間・星野仙一を見る手引きとして、もっともっと日本代表を応援したくなるきっかけとなってくれればと思う。それが、同世代のヒーローへの応援歌である。

2008年5月

永谷《ながたに》　脩《おさむ》

解説

村瀬《むらせ》秀信《ひでのぶ》

僕の手元には永谷脩さんの名刺が4枚ある。

どれも同じデザイン、同じ内容の同じ名刺。違いがあるのは年代ごとに色褪《いろあ》せていく紙の色と、裏面に書いてある著作や出演番組の一覧だけ。それを見ればちょっとした永谷脩史が楽しめるのであるが、なんでまたこんなにダブった名刺があるのかというと、とどのつまりが顔も名前も覚えられていなかった、というだけのことであるのだ。

……そんな人間が解説を書くなんておこがましいにもほどがあるのだが。申し訳なさを呑み込んで続けよう。

最初の出会いも僕は一生忘れることはない。2005年、アジアシリーズ後に寄った後楽園《こうらくえん》駅近くの牛タン屋。当時、エロ本のライターから漸《よう》くプロ野球を書かせてもらえるようになり、憧れの雑誌「Number」でデビューさせてもらって有頂天だった僕は、行きつけとは知らずに立ち寄ったその店ではじめて永谷さんにお目にかかった。

永谷さんはどこの馬の骨とも知れぬ新人ライターに「よかったね」「頑張れよ」と言い

ながら、わんこそばのようにやってくる牛タンを次々と僕の胃袋へと流し込ませてはニコニコ微笑んでいた。

学生のころから永谷脩作品を読んできて、自分も野球を書くライターになりたいと志し、それを実現させたうえで永谷さんと飲んでいる。なんて幸せなのだろう。ここが人生の絶頂だ。

そう思った瞬間、「で、原稿料はどうした?」という声がした。生活するのがやっとの身分、ありがたく使わせていただきました、と伝えると、永谷さんは、

「原稿料は自分のために使うな。いい記事を書けました。ありがとうございますと、その選手に還元するもんだ。そうすれば次にもっといい記事を書けるようになる」

と、この世の道理というものを子どもに教え諭すようにご指導いただいた。相手の懐に飛び込んでいく永谷さんの凄《すご》さのほんの一部を垣間《かいま》見《み》た新人ライターは、その場でせっかくのご指導を賜りながらも、後々まで実践することはできずにいた。今も時々は野球を書きはするものの、いつでもケツをまくれる体勢を取っているような中途半端なライターをやっている。

そんな姿勢を見抜いていらっしゃったのだろうか。名刺をもらっていない時も含めると、10回ぐらいはお会いしているはずだ。完全に嫌われているのかも、とも思ったが、よく知

る人に聞けばそうではないという。ある時は横浜スタジアムの食堂で。またある時は東京ドームのグラウンドで。2009年のWBCではスタンドで何イニングか一緒に観戦させていただいたこともある。しかし、そのたびにやりとりは同じ。

「こんにちは、永谷さん。ご無沙汰しております」

「ああ、どうもどうも」（名刺を取り出そうとする）

「いやいや、以前に牛タン屋とかでご挨拶させていただいてまして……」

「ああ……そうでしたか。どうもご無沙汰しております」

毎度毎度、判で押したような柔和なやりとり。ではでは、とお別れしたあとに、僕は書き手としての未熟さを思い知らされる。次こそは、次こそはと思いながら名刺が出てくる無間《むけん》地獄。

そして迎えた2014年の春。東京ドーム近くの本屋さんで永谷さんとバッタリお会いした。そこでも永谷さんは同じように、「ああ、どうもどうも。はじめまして」とニコニコしながら名刺を出した。いやいやいやいや。

あとになって聞いたのだが、このすぐあとに永谷さんは倒れたそうだ。

あれから3年半以上が経った。野球の取材をやっていると、どこかで必ず永谷さんの足跡に出会う。江夏豊さん、権藤博さん、東尾修さん、山田久志さんなどの伝説的プロ野球選手から、ど田舎の山奥にある辺鄙《へんぴ》な高校の野球部の監督さん。そして、永谷さんと仕事をしてきた編集者、僕もたびたび出演させてもらっているTBSラジオのスタッフや荒川《あらかわ》強啓《きょうけい》さんなどから、今でも思い出したように永谷さんの凄さを聞かされることがある。

取材で打ち解けた相手に、「おめえもいいセン行ってるけどよ、ナンバーワンは永谷さんだなぁ。一晩酒を飲んだだけで、何もかも聞いてほしくなっちゃうのよ」と打ち明けられたことも、だ。

そのたびに、僕は身悶《みもだ》える。作品を見て打ちのめされる。どうすればこんな話が聞けるのか。その距離感の詰め方、取材対象への熱量、現場第一主義の行動力とバイタリティ、そしてあらゆる人が楽しそうに語る人間的な魅力も含め、ライター界の端っこで満足した気になっている僕なんかにも、もっと頑張らなければいけない、という強迫観念が襲ってくるのである。

永谷さんは特別すぎるのだ。時代がどうとか、スタンスがどうとか、言い訳しようと思えばできるだろう。でも、作品は素直だ。俺はここまでやっているか？　身を粉《こ》にしているか？　懐に飛び込んでいるか？　誰にもできない、永谷脩にしかできないことをやっているのだ。絶対に敵《かな》うわけがない。おそらく、今日《こんにち》の日本で野球を書いているライターのほとんどは、圧倒的な存在を前にして、そんなことを感じている。

それは、世の中に星野仙一氏の書籍や記事が溢《あふ》れているこの2018年に、本書『星野仙一「闘い」の方程式　トップを目指し続けた男の「人生哲学」』を読んで改めて理解した。凄い本だなぁと。筆を5回ほど折りたくなって、胃袋がキュウとなった。

本書は、2002年に刊行されたほぼ同タイトルの書籍を元に、五輪野球監督、東北楽天監督と、永谷脩さんが各誌で描いてきた星野仙一という野球人の物語を再編集した決定版である。二人は生まれ年こそ違えど学年は同じで、共通項も多い。その永谷脩が紡ぐ、星野仙一の野球人生における哲学。第一章の野球人としての原点にあたる部分から、中日での現役、阪神に移っての監督、五輪野球の監督に選ばれ、2013年、東北楽天が巨人を破って球団初、そして星野仙一自身も初の日本一となったところまでが描かれている。

この先の物語はない。翌2014年の6月12日に永谷さんは亡くなっているからだ。

一方の優勝監督となった星野仙一は、翌2014年シーズンも采配を振っている。しかし、5月には持病の腰痛が悪化。精密検査の結果、腰椎椎間板ヘルニアと胸椎黄色靱帯骨化症《おうしょく》という難病と診断され、監督を休養することになる。約2カ月ののち、オールスター明けの7月には復帰するも、前年24勝0敗の圧倒的大エース田中将大がMLBニューヨーク・ヤンキースへと移籍し、史上最大級の穴があいたチームが勢いを取り戻すことはなく、シーズンを最下位で終えると、9月には監督退任が発表された。その後、監督はデーブ大久保こと大久保博元氏に譲り、星野氏は楽天野球団の取締役副会長に就任することが発表された。

2017年には野球殿堂入りを果たし、表彰が行われたナゴヤドームでのオールスターゲームでは、

「もっともっとドラゴンズを応援してやってください。甲子園も仙台のコボスタ（現楽天生命パーク宮城）もいつも満員ですよ」

とドラゴンズファンを沸かせ、殿堂入りを祝う会では、

「野球をやっていてよかった。野球と恋愛してよかった。野球にもっともっと恋をしたい」

と言葉を残した。

それからわずかだった。2018年1月6日未明。前日に星野仙一氏がすい臓がんのために亡くなったというニュースが全国を駆け抜けた。70歳。あまりにも突然のことだった。

そこから連日連夜、テレビでも雑誌でもインターネットでも、星野仙一が野球界に遺してきた偉大な足跡を辿《たど》る報道が溢れる。燃える男、闘将、気配りの人、人情の人……そんな言葉で彩られる中、人々は必ずこんな論調で偲《しの》んだ。「これからの時代、星野さんみたいな人は現れないだろう」と。

NHKの追悼番組では中日OBの大島康徳氏と今中慎二《いまなかしんじ》氏が「星野さんの遺志を継いで

いくか?」という問いに、はっきり答えていた。

「我々に真似できるはずがないですね。星野さんだからできたということがあった。僕らは星野さんからいただいたものを、違った形で恩返ししていけたら」

とんでもない情熱と愛をもって、野球界で誰もが真似できないことをやってのけた星野仙一氏。それは現場とメディアという違いはあれど、スポーツライター界における永谷脩さんにも同じことが言えるのだろう。

この本は、そんな二人の稀有《けう》な野球人が遺した最後の物語である。もう二度と生まれることのない、時代の傑物が遺したプロ野球の記録。噛《か》みしめれば噛みしめるほど、後ろの道を歩く僕らは、どうしたって思い知る。凄いなぁと。とても敵うもんじゃないと。でも、大島さんや今中さんと同じことを思う。できないならできないなりに、懸命にやるしかない。やるしかないのだ。

恥をかくついでに告白するが、あの2014年、永谷脩さんの告別式に図々しくも参列させていただいた。いつまでも中途半端な思いのままライターで燻《くすぶ》っている自分が情けなくて。

「はじめまして。いい原稿を書いて、必ず永谷さんに覚えられるような書き手になります」

お焼香の際に、そんなことを誓った。

星野仙一の監督成績

年度	球団	試合数	勝利	敗戦	引分	勝率	ゲーム差	順位
1987	中日	130	68	51	11	.571	8.0	2
1988	中日	130	79	46	5	.632		1
1989	中日	130	68	59	3	.535	15.5	3
1990	中日	131	62	68	1	.477	26.0	4
1991	中日	131	71	59	1	.546	3.0	2
1996	中日	130	72	58	0	.554	5.0	2
1997	中日	136	59	76	1	.437	24.0	6
1998	中日	136	75	60	1	.556	4.0	2
1999	中日	135	81	54	0	.600		1
2000	中日	*132	69	63	0	.523	8.0	2
2001	中日	140	62	74	4	.456	15.0	5
2002	阪神	140	66	70	4	.485	19.0	4
2003	阪神	140	87	51	2	.630		1
2011	楽天	144	66	71	7	.482	23.5	5
2012	楽天	144	67	67	10	.500	7.5	4
2013	楽天	144	82	59	3	.582		*1
2014	楽天	*104	47	57	0	.451	17.0	6
通算		2277	1181	1043	53	.531		

*注：2013年は日本一。2000年は出場停止、2014年は休養中の試合を除く。

星野仙一の選手成績（中日）

年度	登板	完投	完封	勝利	敗戦	セーブ	勝率	投球回	被安打	被本塁打	与四死球	奪三振	自責点	防御率
1969	49	6	1	8	9	−	.471	187.2	157	24	54	99	65	3.12
1970	41	6	1	10	14	−	.417	205.0	172	19	67	146	83	3.64
1971	35	0	0	9	5	−	.643	103.2	99	11	21	72	40	3.47
1972	48	0	0	9	8	−	.529	98.2	71	12	44	70	22	2.01
1973	44	7	1	16	11	−	.593	166.0	134	16	58	96	56	3.04
1974	49	7	1	15	9	10	.625	188.0	149	19	57	137	60	2.87
1975	40	6	3	17	5	4	.773	217.2	208	20	59	112	67	2.77
1976	20	6	3	10	6	0	.625	132.2	141	20	34	60	58	3.93
1977	42	13	3	18	13	5	.581	245.1	245	26	83	125	96	3.52
1978	34	2	0	5	8	14	.385	92.0	106	10	38	47	50	4.89
1979	28	4	1	10	7	0	.588	154.1	168	29	58	85	80	4.67
1980	29	4	1	6	12	1	.333	129.2	143	25	50	70	73	5.07
1981	23	4	0	10	9	0	.526	142.0	152	20	41	69	62	3.93
1982	18	1	0	3	5	0	.375	66.0	77	15	24	37	39	5.32
通算	500	66	15	146	121	34	.547	2128.2	2022	266	688	1225	851	3.60

星野仙一のポストシーズン監督成績

年度	球団	大会名	対戦相手	勝敗	結果
1988年	中日	日本シリーズ	西武（パ1位）	●○●●●	敗退
1999年		日本シリーズ	ダイエー（パ1位）	●○●●●	
2003年	阪神	日本シリーズ	ダイエー（パ1位）	●●○○○●●	
2013年	楽天	パシフィック・リーグ クライマックスシリーズ ファイナルステージ（*1）	ロッテ（パ3位）	○●○○（*2）	日本 シリーズ 進出
		日本シリーズ	巨人（セ1位）	●○○●○●○	日本一

*1:6試合制で先に4勝したチームの優勝。リーグ優勝チームに1勝のアドバンテージ
*2:これにアドバンテージの1勝が加わる

北京オリンピックにおける野球競技の戦績

試合	日付	対戦相手	スコア	結果
アジア予選決勝リーグ	2007年12月1日	フィリピン	10-0	○
	2007年12月2日	韓国	4-3	○
	2007年12月3日	台湾*	10-2	○
予選リーグ	2008年8月13日	キューバ	2-4	●
	2008年8月14日	台湾*	6-1	○
	2008年8月15日	オランダ	6-0	○
	2008年8月16日	韓国	3-5	●
	2008年8月18日	カナダ	1-0	○
	2008年8月19日	中国	10-0	○
	2008年8月20日	アメリカ	2-4	●
準決勝	2008年8月22日	韓国	2-6	●
3位決定戦	2008年8月23日	アメリカ	4-8	●（4位）

*台湾は「チャイニーズ・タイペイ」として参加

タイトル

最多セーブ投手:1回（1974年）　*セ・リーグの初代最多セーブ投手
最高勝率:1回（1975年）　*当時は連盟表彰なし

表彰

沢村賞:1回（1974年）
月間MVP:2回（1975年9月、1977年8月）
正力松太郎賞:2回（2003、2013年）
パ・リーグ最優秀監督賞（2013年）
報知プロスポーツ大賞特別功労賞（2003年）
野球殿堂入り（競技者表彰、2017年）

記録

オールスターゲーム選出:6回（1969、1974〜1976、1979、1981年）

背番号

22（1969〜1970年）、20（1971〜1982年）、77（1987〜1991、1996〜2003、2011〜2014年）

参考文献

永谷脩『星野仙一「戦い」の方程式』（三笠書房、2002年）
永谷脩『星野仙一の悪を活かす人づくり』（二見書房、2003年）
松尾俊治、森茂雄ほか『東京六大学野球部物語』（恒文社、1975年）
朝日新聞社・編『甲子園風土記 西日本編』（朝日新聞社、1978年）
星野番記者グループ『星野仙一 魅力ある男だけが生き残る』（学習研究社、1988年）
星野仙一、中日番記者グループ『闘将・星野 ドラゴンズV1五つの秘密』（未来出版、1988年）
『日本プロ野球60年史』（ベースボール・マガジン社、1994年）
高田実彦『星野仙一 炎の監督術』（プレジデント社、2003年）
『プロ野球人国記』（全9巻、ベースボール・マガジン社、2004年）
「アサヒ芸能」1991年10月10日号（徳間書店）
「Number」588号（文藝春秋、2003年）

初出一覧

第1～5章
『星野仙一「世界一」への方程式』(2008年、小社刊)
同書は、『星野仙一「戦い」の方程式』(2002年、三笠書房・王様文庫)、同書を再編集した『野村・星野・岡田　復活の方程式』(2005年、小社刊)を、さらに再編集したものです。

第6章
『「五輪野球」同時進行ドキュメント　星野ジャパン「金メダルしか見えない!」』(「アサヒ芸能」2008年8月21日号、28日号、9月4日号)

第7章
『燃える男・星野仙一が杜の都を熱くする』(「Number」2010年11月25日号)
『同時進行ドキュメント　星野楽天がゆく!』(「アサヒ芸能」2011年1月6日号、13日号、20日号、27日号)

第8章
『[密着ドキュメント]絶対エース、渾身の302球。』(「Number」2013年11月28日号)
『[インサイド・レポート]楽天野手陣、結束Vの全内幕。』(同前)

なお、著作権継承者の了解のもと、編集部で一部を加筆・改筆のうえ、その後の状況等をカッコで付記しています。

文庫ぎんが堂

星野仙一「闘い」の方程式

トップを目指し続けた男の「人生哲学」

2018年2月20日　第1刷発行

著者　永谷 脩
ブックデザイン　タカハシデザイン室
本文DTP　松井和彌
編集　畑 祐介
発行人　北畠夏影
発行所　株式会社イースト・プレス
〒101-0051 東京都千代田区神田神保町2-4-7 久月神田ビル
TEL 03-5213-4700　FAX 03-5213-4701
http://www.eastpress.co.jp/
印刷所　中央精版印刷株式会社

ISBN978-4-7816-7165-9